Das Buch Jesaja [Kapitel 1-12] – Harald Schneider

Harald Schneider

Das Jesaja Buch 1-12
Die Jesus-Chronologie

Kapitel 1 – 12

2024

Deutschen Nationalbibliothek verzeichnet diese Publikation in der Deutschen Nationalbiographie; Detaillierte bibliographische Daten sind im Internet über http://dnb.dnb.de abrufbar.

Das Buch Jesaja
Kapitel 1-12

© 2024 Harald Schneider

Verlag:
BoD · Books on Demand GmbH, In de Tarpen 42,
22848 Norderstedt, bod@bod.de

Druck:
Libri Plureos GmbH, Friedensallee 273,
22763 Hamburg

ISBN:
978-3-7693-2615-4

Vorwort

Dass Jesaja das gleichnamige Buch verfasst haben soll, geht bereits aus der Überschrift hervor, die von einem Gesicht Jesajas spricht. Die Kapitel 1-39 werden weithin dem historischen Jesaja zugeschrieben. Für die Kapitel 40-55 haben vor allem die nachexilische Interpretation der Erfüllung durch Kyros, der wohl deshalb von späterer Hand in den Text nachgetragen wurde, für einige Verwirrung gesorgt. Eine Rückkehr von Jakob/Israel ist für diese Epoche nicht belegt. Die zurückkehrenden Juden verstanden Jeremias Prophezeiungen für sich, wovon auch Spuren um Kyros in den Nachträgen im Jesaja Buch zeugen. Bedauerlicherweise hat die kritische Forschung diese als solche bekannten Nachträge sich zu eigen gemacht, um eine Niederschrift im absehbaren Übergang von neubabylonischer zu persischer Herrschaft festzustellen, bei der aus dem angesagten Untergang Babylons nur eine Reichsübernahme ohne deren Zerstörung wurde und folglich erst kurz vorher aufgeschrieben worden sei.

Vorliegend wird jedoch echtes Offenbarungsgut festgestellt, dass für eine noch viel spätere Epoche angedacht ist, wenn ein Babylon in XXL fällt. Im Buch *Die Flut im Lebensraum der Menschheit* wird für Kapitel 40-55 u.a. die Brücke zur Rückkehr Israels 1948 geschlagen! Auch die Kapitel 56-66 gehören zur Vision Jesajas.

Einige reduzieren den Begriff Apokalypse Jesajas auf Kapitel 24-27. Kann denn bei Jes 24-27 von einer Apokalypse gesprochen werden? *Dieter Schneider* fasst über Jes 24-27 zusammen: „Es fehlt in diesen Kapiteln genau das, was man etwa aus dem Daniel-Buch als apokalyptisch erkennen kann: die Unterscheidung dieser von der kommenden Welt, die Verwendung von Zahlen, die Gestalt eines endzeitlichen Gottgesandten."[1] Und wie steht es mit Jesaja als Ganzes?

Eine Feststellung als Apokalypse spricht übrigens nicht gegen Jesaja als Schreiber. Offenbarungsgut ist keine Modeerscheinung, die man immer einer bestimmten Zeit, etwa einer Krise, zuordnen kann. Auffällig ist gegenteilig, dass gerade vorhandene Zeitangaben von der Wissenschaft außer Kraft gesetzt werden müssen, um eine Spätdatierung zu stützen. Die ganze Diskussion wird in einen synthetischen Raum verlegt, in dem ein mitteilender Gott nicht mehr vorkommen kann, da ja (nur) Menschen auf bestimmte Situationen reagieren.

---

[1] WStB AT 7 Dieter Schneider: *Der Prophet Jesaja*; 1988, Seite 346

Ich möchte festhalten, dass die Woche als entscheidende Offenbarung von Gott von Anfang an präsent ist und dass zwei Wochen bis zur großen Not auch heute gezählt werden können *syr*BarApk 28,2. Sich dieser Diskussion zu entziehen steht der sachlichen Aufklärung entgegen, wie Gott die Zeiten festlegte und was wir aus seinem Gut legitim schöpfen können, um unsere Situation richtig einzuschätzen.

Neben der „Verwendung von Zahlen" im Sinne einer Zeitrechnung wird auch „die Unterscheidung dieser von der kommenden Welt" in Kapitel 56-66 und „die Gestalt eines endzeitlichen Gottgesandten" in Kapitel 40-55 beobachtet, was das ganze Jesaja-Buch als eine große Apokalypse aussehen lässt!

In dieser Betrachtung wird deshalb das Jesaja-Buch als eine einzige Offenbarungsschrift erfasst. Die einzige Untergliederung ist die der Abschnitte in den hebräischen Handschriften, und zwar ungeachtet dessen, wie sinnvoll sich moderne Einteilungen darstellen mögen.

Bereits vor der mittelalterlichen Erfindung der Einteilung in Kapitel und Versen gab es im hebräischen Text ein Absatzsystem, das schon in den ältesten Abschriften zu finden ist. Diese Textanordnung war keine schlichte Unterteilung in Leseabschnitte, was schon an den unterschiedlichen Längen der Abschnitte leicht zu erkennen ist. Die Einteilung der Abschnitte sind selbst Teil der Offenbarung und gehören in die Auslegung der Texte einbezogen, ähnlich, wie auch andere Ordnungshinweise auf Zusammenhänge einwirken. Deshalb wird das ganze Buch Jesaja in diesem Format geboten, was heute als Besonderheit erscheint. Die noch junge Chronologie Forschung beobachtet die hebräischen Abschnitte als eingetragene Zählung der Jahre der Menschheit und sieht Hinweise auf Geschichtsschreibung.[2]

Die neue biblische Chronologie erfasst Jesaja auch als ein Kalender. Die Woche wird als Siebener in Mond-/Sonnenjahren 354/365 verstanden, was sich auf die chronologischen Bestimmungen auswirkt. Die Daten lassen sich relativ sicher nach den überlieferten Beobachtungen der Sopdet/Sothis von Memphis aus, durch die gezählten Jahre der hebräischen Abschnitte und vieler weiterer Beobachtungen einordnen. Der Gott der Weltzeiten offenbart seine Zeitordnung seiner Größe entsprechend über weite Lebensräume.

---

[2] Harald Schneider: *Die biblische Chronologie. Umfeld und hinterlegte Zeitrechnung*; 2020, Seite 221-248 [MT-Paraschen mit Jahresangaben]

Einführungen

Jesaja 1-12

Anhänge

Wehe und Kehrreime

Die Kapitel 1-12 haben in der hebräischen Bibel 42 Abschnitte. Einige Merkmale regen zu Textumstellungen an.[3] Zehn Wehe Rufe und fünf Kehrreime lassen sich als Chronologie lesen. Mit den anhängenden Assyrien-Absätzen werden in 20 Jubiläen vom Tempelbau Salomos bis zur Geburt des Messias auch Israels Untergang und Kyros Tod klar abgegrenzt. Die Inhalte gewinnen so eine neue Dimension.

Um das anschaulich zu machen werden bei der Betrachtung der Absätze mit Wehe Rufen, Kehrreimen und den Assur Abschnitten 10,5-12,6 auch deren Vernetzung mit chronologischer Bestimmung aufgrund der ursprünglichen Anordnung geboten, deren Beobachtung notwendig ist, um die Versiegelung Jesajas (8,16-18) aufzubrechen.

An einigen Stellen werden Abhandlungen § angehängt, die zum Zeitverständnis der jeweiligen Wehe-Abschnitte einen Beitrag leisten.

Abschnitte und Merkmale in den hebräischen Handschriften

| Jes 1-12 | Jes 13-27 | Jes 28-39 | Jes 40-55 | Jes 56-66 |

Hebr.- Abschnitte		Hebr.- Abschnitte		Hebr.- Abschnitte	
Jes1,1-9	**Wehe**, ohne Einsicht	Jes5,8-10	**Wehe**	Jes8,11-15	Wort, als die Hand zupackte
Jes1,10-17	Sodom und Gomorra	Jes5,11-19	**Wehe**	Jes8,16-18	Worte versiegeln, Zeichen
Jes1,18-20	Gutes oder Schwert	Jes5,20	**Wehe**	Jes8,19-9,6	Dunkel, Licht, ein Kind geb.
Jes1,21-23	Jerusalems Absturz	Jes5,21-23	**Wehe, Wehe**	Jes9,7-12	**Kehrreim** (JHWHs Hand)
Jes1,24-31	Jerusalems Läuterung	Jes5,24-30	**Kehrreim**	Jes9,13-20	**Kehrreim, Kehrreim**
Jes2,1-4	Jerusalem später Tag	Jes6,1-13	Theophanie, Sendung	Jes10,1-4	**Wehe, Kehrreim**
Jes2,5-11	Preisgabe des Volkes	Jes7,1-6	Wort an Ahas	Jes10,5-11	**Wehe** (Assur)
Jes2,12-22	ein Tag JHWHs	Jes7,7-9	Ausgang	Jes10,12-19	**2** das Gottesfeuer
Jes3,1-12	**Wehe, Wehe**	Jes7,10-17	ein Zeichen	Jes10,20-23	**3** Umkehr des Restes
Jes3,13-15	JHWHs Anklage	Jes7,18-20	an jenem Tag	Jes10,24-32	**4** Marsch auf Jerusalem
Jes3,16-17	Stolz der Töchter Zions	Jes7,21-25	an jenem Tag	Jes10,33-34	**5** Rodung des Waldes
Jes3,18-4,1	Drohung Töchter Zions	Jes8,1-4	Zeichen, Eilbeute	Jes11,1-9	**6 Geburt** des Sohnes sais
Jes4,2-6	Zion für einen Rest	Jes8,5-8	Siloah, Euphrat	Jes11,10	**7 Signal** für die Völker
Jes5,1-7	Weinberglied	Jes8,9-10	Zeichen, scheitern	Jes11,11-12,6	**8 Rest** von Assur loskaufen

---

[3] BKAT X 1 Hans Wildberger: *Jesaja 1-12*; 2. Aufl. 1980; Wehe Rufe 5,8-24 mit 10,1-4 Seite 175-202; Kehrreime 9,7-20 mit 5,25-30 Seite 203-229

Die Jubiläen-Abschnitte

Des Weiteren lassen sich auch ohne Umstellungen Beobachtungen an den Jubiläen-Abschnitten von der Zeit Abrams bis in christliche Zeit machen. Zum Beispiel kommt ein Rest 1338 ins verheißene Land. 1291 folgt das Weinberglied und darauf schlagen fünf Wehe mit Kehrreim bis zurzeit der Könige auf. Die hebräischen Abschnitte sind eine Form der Geschichtsschreibung, die als solche noch nicht erkannt geschweige denn gewürdigt wurde. Der Gott der Weltzeit gewährt uns auf diese Weise einen Überblick über seine Zeiten.

Die Jubiläen-Abschnitte in den hebräischen Handschriften

Jes 1-12	Jes 13-27	Jes 28-39	Jes 40-55	Jes 56-66

Abschnitte	MondJubiläen	Abschnitte	Mond-Jubiläen	Abschnitte	Mond-Jubiläen
Jes 1,1-9	4/1909 – 9/1861	Jes 5,8-10	10/1243 – 3/1196	Jes 8,11-15	3/578 – 9/530
Jes 1,10-17	9/1861 – 3/1814	Jes 5,11-19	3/1196 – 9/1148	Jes 8,16-18	9/530 – 3/483
Jes 1,18-20	3/1814 – 8/1766	Jes 5,20	9/1148 – 2/1101	Jes 8,19-9,6	3/483 – 8/435
Jes 1,21-23	8/1766 – 2/1719	Jes 5,21-23	2/1101 – 8/1053	Jes 9,7-12	8/435 – 2/388
Jes 1,24-31	2/1719 – 7/1671	Jes 5,24-30	8/1053 – 1/1006	Jes 9,13-20	2/388 – 7/340
Jes 2,1-4	8/1671 – 1/1624	Jes 6,1-13	1/1006 – 7/958	Jes 10,1-4	7/340 – 1/293
Jes 2,5-11	1/1624 – 7/1576	Jes 7,1-6	7/958 – 12/910	Jes 10,5-11	1/293 – 6/245
Jes 2,12-22	7/1576 – 12/1528	Jes 7,7-9	12/910 – 6/863	Jes 10,12-19	6/245 – 12/197
Jes 3,1-12	12/1528 – 6/1481	Jes 7,10-17	6/863 – 12/815	Jes 10,20-23	12/197 – 6/150
Jes 3,13-15	6/1481 – 11/1433	Jes 7,18-20	12/815 – 5/768	Jes 10,24-32	6/150 – 11/102
Jes 3,16-17	11/1433 – 5/1386	Jes 7,21-25	5/768 – 11/720	Jes 10,33-34	11/102 – 5/55
Jes 3,18-4,1	5/1386 – 10/1338	Jes 8,1-4	11/720 – 4/673	Jes 11,1-9	5/55 – 10/07
Jes 4,2-6	10/1338 – 4/1291	Jes 8,5-8	4/673 – 10/625	Jes 11,10	10/07 – 7/42
Jes 5,1-7	4/1291 – 10/1243	Jes 8,9-10	10/625 – 3/578	Jes 11,11-12,6	7/42 – 02/90

Diese Geschichtsschreibung setzt sich über die Fremdvölkerorakel (Jes 13-23) und die Jesaja-Apokalypse fort (Jes 24-27) und lässt Jes 28-39 als deren Anhänge erscheinen, ein doppeltes Geschichtsbild. Deshalb muss besonders die Anordnung der einzelnen Abschnitte beachtet und ein Bezug zwischen Inhalten und Jubiläen hergestellt werden. Die Interpretation über die Zeit öffnet einen Offenbarungshorizont, der obwohl schon immer vorhanden, erst jetzt als solcher auch geschaut werden kann!

Die Jubiläen-Abschnitte in den hebräischen Handschriften

Jes 1-12	**Jes 13-27**	Jes 28-39	Jes 40-55	Jes 56-66

Abschnitte	Mond-Jubiläen	Abschnitte	Mond-Jubiläen	Abschnitte	Mond-Jubiläen
Jes 13,1-14,2	02/90 -08/137	Jes 19,18	08/755-03/803	Jes 24,1-15	02/1421-08/1468
Jes 14,3-23	08/137-03/185	Jes 19,19-23	03/803-09/850	Jes 24,16-20	08/1468-03/1516
Jes 14,24-27	03/185-09/232	Jes 19,24-25	09/850-03/898	Jes 24,21-23	03/1516-09/1563
Jes 14,28-32	09/232-03/280	Jes 20,1-2	03/898-09/945	Jes 25,1-5	09/1563-04/1611
Jes 15,1-16,6	03/280 -10/327	Jes 20,3-6	09/945-04/993	Jes 25,6-8	04/1611-10/1658
Jes 16,7-14	10/327-04/375	Jes 21,1-5	04/993-10/1040	Jes 25,9-11	10/1658-04/1706
Jes 17,1-3	04/375-11/422	Jes 21,6-10	10/1040-05/1088	Jes 26,1-10	04/1706-11/1753
Jes 17,4-6	11/422-05/470	Jes 21,11-12	05/1088-11/1135	Jes 26,11	11/1753-05/1801
Jes 17,7-11	05/470-12/517	Jes 21,13-15	11/1135-06/1183	Jes 26,12-19	05/1801-12/1848
Jes 17,12-14	12/517-06/565	Jes 21,16	06/1183-12/1230	Jes 27,1	12/1848-06/1896
Jes 18,1-3	06/565-12/612	Jes 22,1-13	12/1230-07/1278	Jes 27,2-6	06/1896-12/1944
Jes 18,4-7	12/612-07/660	Jes 22,14-25	07/1278-01/1326	Jes 27,7-11	12/1944-07/1991
Jes 19,1-15	07/660-01/708	Jes 23,1-14	01/1326-07/1373	Jes 27,12	07/1991-01/2039
Jes 19,16-17	01/708-08/755	Jes 23,15-18	07/1373-02/1421	Jes 27,13-28,4	[01/2039]

Diese Abschnitte werden an einigen Stellen mit dem Zeitgeschehen der ermittelten Mond-Jubiläen in Zusammenhang gebracht und mit einer Raute gekennzeichnet, um sie vom Gedankenfluss der übrigen Betrachtungen zu trennen. Ein Beispiel zum Abschnitt Jes 1,1-9:

Da 1,9 auf Sodom und Gomorra Bezug nimmt und 1,2.3 die frühe Geschichte von Israels Abfall anspricht, ist das Jubiläum der Herrschaft Abrahams im Auge zu behalten [1909 Elieser; 1898 Abraham und ab 1872 Ismael]…

#Hintergründe#: „Die chinesische Xia-Dynastie in Mesopotamien wiederzufinden ist eine der erstaunlichsten Beobachtungen dieser Studie! Sie beginnt bei Xia-Yu (Rimusch) und überdauert sogar die dritte Dynastie von Ur. Durch die Kontinuität der Xia-Dynastie konnten biblische Personen wie Terach (Isbi-Erra), Abram (Idin Dagan), Ismael (Isme-Dagan) und Isaak (Lipit Istar) in den Königslisten Mesopotamiens aufgespürt werden. So wird z. B. der Dialog in Gen 15,1-4 vor dem Hintergrund der Person Elieser (Su-Ilisu) als Herrscher mit Leben erfüllt. Ohne einen Nachkommen Abrams wäre der Thron, der nach Ibbi-Suen (Haran) an dessen bevollmächtigten Schwiegersohn Isbi Erra (Terach) überging bei dessen Sohn Su-Ilisu (Elieser) verblieben, einem Mann aus Abrams (Königs)Hausgemeinschaft!"[4]

---

[4] Harald Schneider: *Die neue biblische Chronologie*; 2020, Seite 158

14

Jesaja 1,1-9

Der erste Abschnitt 1,1-9 beginnt in der ersten Zeile und schließt in einem freien Zeilenende[5], was mit 1QJes[a] übereinstimmt.

Der erste hebräische Leseabschnitt 1,1-9 eröffnet mit einer Überschrift aus der hervorgeht, dass Jesaja das gleichnamige Buch einschließlich der Visionen für fernere Zeiten verfasste. 1,2 Himmel und Erde werden zum Hören aufgefordert, was einen universellen Rahmen festlegt. So schwingt mit der Aufzucht Israel, die von Jehova abfiel auch immer ein Bild der Himmel, d. h. Wächter und der Erde, d. h. der ganzen Menschheit mit! 1,3 Ochse und Esel wissen, wohin sie gehören, aber Israel fehlt diese Erkenntnis und dem Volk dieses Verständnis. 1,4 Der Wehe Ruf ist an eine sündige Nation gerichtet, die als Nachkomme der Übeltäter qualifiziert wird. *Sie haben JHWH verlassen, haben den Heiligen Israels verschmäht.* 1,5 Deshalb macht eine Rettung der Nation Israel im Norden keinen Sinn, da sich so nur der Abfall mehren würde. 1,6 Ihre Wunden sind deshalb nicht mehr behandelt worden. 1,7 Land und Städte werden *vor ihren Augen* verzehrt, was die Zeit des Untergangs beschreibt.

Jes 1
1 Die Vision Jesajas, Sohn des Amoz, die er über Juda und Jerusalem geschaut hat in den Tagen Ussijas, Jothams, Ahas', Jehiskias, der Könige von Juda.
2 Hört, ihr Himmel, und horch auf, du Erde, denn JHWH hat geredet: Ich habe Kinder großgezogen und erzogen, und sie sind von mir abgefallen.
3 Ein Ochse kennt seinen Besitzer, und ein Esel die Krippe seines Herrn. Israel hat keine Erkenntnis, mein Volk hat kein Verständnis.
4 Wehe der sündigen Nation, dem Volk, belastet mit Ungerechtigkeit, dem Samen der Übeltäter, den verderbt handelnden Kindern! Sie haben JHWH verlassen, haben den Heiligen Israels verschmäht [sind rückwärts gewichen].
5 Warum sollt ihr weiter geschlagen werden, da ihr nur den Abfall mehren würdet? Das ganze Haupt ist krank, und das ganze Herz ist schwach.
6 Von der Fußsohle bis zum Haupt ist nichts Gesundes an ihm. Wunden und Striemen und frische Schläge. Sie sind nicht ausgedrückt und nicht verbunden und nicht mit Öl erweicht worden.
7 Euer Land ist eine Wüste, eure Städte mit Feuer verbrannt, euer Ackerland verzehren Fremde vor euren Augen [und Öde gleich einer Umkehrung durch Fremde].
8 Übriggeblieben ist die Tochter Zion wie eine Laubhütte im Weinberg, wie eine Nachthütte im Gurkenfeld, wie eine belagerte Stadt.
9 Hätte JHWH der Heerscharen uns nicht einen kleinen Rest gelassen, wie Sodom wären wir geworden, Gomorra wären wir gleich.

---

[5] Die Biblia Hebraica Stuttgartensia basiert auf dem Kodex Petropolitanus.

1,8 Von ganz Israel ist nur die Tochter Zion übriggeblieben. Die Vergleiche mit einer Hütte, einer Nachthütte und einer belagerten Stadt haben zu Ariel in 29,1-7 parallelen, die belagert wird, was wie eine Vision bei Nacht erscheint. 1,9 Nur dieser Rest entkommt dem Geschick gleichwie an Sodom und Gomorra.

§ Der Wehe Ruf 1,4 beschreibt Israels rettungsloser Zustand nach deren Untergang zurzeit Jesajas. Er ist Teil eines in Jes 1-12 angelegten Netzes von 10 Wehe Rufen, vorbei jeder für einen bestimmten Zeitraum angelegt wurde, 1,4 für ein 6. Jubiläum wo erklärt wird, dass eine Rettung der Nation Israel zurzeit keinen Sinn macht.

Die meisten der 10 Wehe in 1,4; 3,9b.11; 5,8.11.18.20.21.22; 10,1 sind dem Weinberglied in 5,1-7 angegliedert und beschreiben jeweils auch bestimmte Inhalte der Jubiläen ab Salomos Tempelbau:

1.	Jubiläum	5,8-10	Tempelbau/Reichsteilung/Raub
2.	Jubiläum	5,11-17	Israels Rausch im Götzendienst
3.	Jubiläum	3,4.5.11.12	Herrschaft von Frauen
4.	Jubiläum	3,1-3.6-9	Stütze für Jerusalem entzogen
5.	Jubiläum	5,18-19	Israels schnelles Ende
6.	Jubiläum	1,1-9	Jesajas heillose Zeit für Israel
7.	Jubiläum	5,20	Juda als Verbündeter Assyrien
8.	Jubiläum	5,21	Judas Könige als Eintreiber/Exil
9.	Jubiläum	5,22-23	Exil und Rückkehrverzögerung
10.	Jubiläum	10,1-4	Purim und Rückkehrverzögerung

Dieses Zeitkonzept begründet sich mit Lev 25 (Siehe Kasten 5,1-7) und ist mit Ausnahme einer Verschiebung durch späterer Hand 3,1f gut erhalten und chronologisch korrekt angeordnet. Der Wehe Ruf 1,4 beschreibt die Zeit ab dem Untergang 720 als neues Jubiläum.

Da 1,9 auf Sodom und Gomorra Bezug nimmt und 1,2.3 die frühe Geschichte von Israels Abfall anspricht, ist das Jubiläum der Herrschaft Abrahams im Auge zu behalten [1909 Elieser; 1898 Abraham und ab 1872 Ismael], als sich Gott den Grundstock für ein Volk aus dem legitimen Herrschaftszweig erwählte, 40 Jubiläen vor Jesu Geburt. Mit seinen 42 Absätzen zeigt Jes 1-12 auf 42 Jubiläen.[6]

---

[6] Zur chronologischen Herleitung: Das ägyptische Wandeljahr; Die Sothis-Beobachtung und die Zeiten; Die Dynastien bis zum Auszug Israels aus Ägypten. Eine Übersicht der Zeiten dieser Mondjubiläen: Einleitung zu Jesaja 1-39.

Jesaja 1,10-17

Der zweite Abschnitt 1,10-17 beginnt mit einem eingerückten Zeilenanfang, in 1QJes[a] in einer neuen Zeile, und schließt in einem freien Zeilenende.

Jes 1

10 Hört das Wort JHWHs, Fürsten von Sodom, Merkt auf das Gesetz unseres Gottes, Volk von Gomorra!

11 Was soll mir die Menge eurer Schlachtopfer? spricht JHWH, ich bin satt der Brandopfer von Widdern und des Fetts der Mastkälber, und am Blut von Jungtieren [und Lämmern] und jungen Böcken habe ich kein Gefallen.

12 Wenn ihr kommt, um vor meinem Angesicht zu erscheinen, wer hat dieses von eurer Hand gefordert, meine Vorhöfe zu zertreten?

13 Bringt keine nichtigen Opfergaben! Räucherwerk ist mir ein Greul. Neumond, Sabbat, Festtage ausrufen. Ich mag nicht Frevel und Feiertag.

14 Eure Neumonde und eure Festzeiten hasse ich, sie sind mir zur Last geworden, ich bin müde sie zu tragen.

15 Und wenn ihr eure Hände ausbreitet, verhülle ich meine Augen vor euch. Selbst wenn ihr viel betet, höre ich nicht zu. Eure Hände sind voll Blut.

16 Wascht euch, reinigt euch, entfernt die Schlechtigkeit eurer Taten mir aus den Augen, hört auf böses zu handeln!

17 Lernt Gutes tun, fragt nach Recht, führt den Bedrückten, schafft Recht der Waise, führt der Witwe Sache zum Sieg!

Im zweiten Abschnitt 1,10-17 wird gleich in der Anrede an die Vorsteher und das Volk ein Zusammenhang zum Bild in 1,9 hergestellt. Sie sollen das Wort Jehovas hören und sein Gesetz anwenden. 1,11-14 Das Übermaß ihre Opferpraxis stößt auf Kritik. *Ich bin satt und es gefällt mir nicht, wenn ihr kommt und zertretet meine Vorhöfe!* Ihre Opfer sind formale Ereignisse am Neumond und Sabbat, die wie ihr Frevel *unerträglich und zu einer ermüdenden Last werden.* 1,15-17 Ihre Anbetung, gleich wie intensiv betrieben, passt nicht zum Blut an ihren Händen. Sie müssen sich erst davon reinigen und ihr Verhalten ändern. Sie müssen neu lernen, Gutes zu tun und nach dem Recht zu streben. Dabei stehen die Bedrückten, die Waisen und die Witwen im Vordergrund denen Recht verschaffen werden muss.

Das auch in 1,10 Israel als Vorsteher von Sodom mit dem Volk von Gomorra angesprochen wird regt dazu an, das Jubiläum der Herrschaft Jakobs im Auge zu haben. Der Krieg um Sichem brachte ihm einen schlechten Ruf ein und sollte er mit dem Hsia-Jie Chinas identisch sein, reicht auch sein negativer Ruf bis China, der dort etwa mit dem Ruf von Nimrod im Westen vergleichbar ist.

Jesaja 1,18-20

Der dritte Abschnitt 1,18-20 beginnt mit einem eingerückten Zeilenanfang, in 1QJes^a in einer neuen Zeile, und schließt in einem freien Zeilenende.

Der Abschnitt 1,18-20 setzt 1,10-17 fort. Darin wird nach der LXX aktiv zur Auseinandersetzung mit Gott aufgefordert, der wirksam von Sünden reinigen kann. Wenn sie das wollen und darauf hören, würde ihnen das Land seine Früchte geben zum Genuss. Bei einer Weigerung würde sie, ebenso wie Israel, das Schwert fressen! 1,18 Vorliegend geht es jedoch um ein rechtliches Feststellungsverfahren, bei dem jede Partei seine Argumente vortragen kann. Was Rot ist kann doch nicht als Weiß durchgehen? 1,19 Das Land steht den willigen und gehorsamen offen, 1,20 doch eine Weigerung und Widerstand führen zum Gericht durch das Schwert. Der Kontext 1,16f spricht gegen eine freie Gnade unbeschränkter Sündenvergebung. Willigkeit und Gehorsam sind Voraussetzung für Sicherheit im Land. Deshalb scheiterte Israel 1,4-7 und nur Jerusalem blieb übrig 1,8.

Jes 1
18 Kommt, treten wir miteinander in einen Rechtsstreit, spricht JHWH. Wenn eure Sünden wie Scharlach sind, sollen sie weiß wie Schnee werden? Wenn sie rot sind wie Karmesin, sollen sie wie Wolle werden?
19 Wenn ihr willig seid und hört, sollt ihr das Gute des Landes essen.
20 Wenn ihr euch aber weigert und ihr seid widerspenstig, sollt ihr vom Schwert gefressen werden. Denn der Mund JHWHs hat geredet.

In 1,19 hat Israel die Wahl, das Gute des Landes zu essen oder aber vom Schwert verzehrt zu werden. Im entsprechenden Jubiläum wanderte Jakob mit seiner Familie nach Ägypten aus. Dort ist während der Regierung von König Djoser Josef als Imhotep eingetragen.

#Hintergründe# Die Hungersnotsteele sowie die Auskünfte lassen das 2. Jahr Djoser als das 2. Jahr der Dürre erscheinen, Jakob Einwanderung 1806 (Gen 45,6). Joseph, genannt Imhotep, war der Bevollmächtigte des Pharaos Djoser (vgl. Gen 41,40-44):

Titel auf der Statunbasis JE 49889 (zeitgenössisch) [wiki/Imhotep]
Sedjauti-biti – Siegelbewahrer des Königs von Unterägypten.
Cheri-tep-nesu – Der unter dem Kopf des Königs von Oberägypten ist.
Iri-pat – Mitglied der Elite. | *Heqa-hut-aa* – Gutsverwalter.
Maa-wer – Der den Großen schaut.
Medjhi-qesti – Vorsteher der Bildhauer (Baumeister behauener Steine)^V
(Lesung unbekannt) – Hersteller von Gefäßen? / Befüller der Körbe?
(? über drei Schalen) – Errichter von Vorratsstätten?[7]

---

[7] Harald Schneider: *Die Flut im Lebensraum der Menschheit*; 2024, S. 52

Jesaja 1,21-23

Der vierte Abschnitt 1,21-23 beginnt mit einem eingerückten Zeilenanfang, in 1QJes[a] in einer neuen Zeile, und schließt im freien Zeilenende, in 1QJes[a] im Spatium als kleiner Lücke im Text.

Nach dem Feststellungsverfahren folgt nun im Abschnitt 1,21-23 die Beschreibung des momentanen Zustandes der Stadt. Vormals als *die treue Stadt* bezeichnet, in der das *Recht* und die *Gerechtigkeit* zuhause waren, wird ihr nun vorgeworfen, *zur Hure geworden zu sein.* 1,22 Alles was zuvor einen festen Wert darstellte, ist verfälscht worden und hat seinen Wert verloren. Ihr Silber hat sich zur Schlacke gewandelt und ihr Bier wurde verwässert. 1,23 Die Führungsschichten widersetzen sich und sind alle nur auf Raub und Bestechung aus. Der Waisen und Witwen Recht wird nicht vertreten.

Jes 1
21 Wie ist zur Hure geworden die treue Stadt. Erfüllt mit Recht, Gerechtigkeit wohnte in ihr, [und jetzt Mörder]!
22 Dein Silber ist zu Schlacke geworden, dein Bier ist [mit Wasser] gepanscht.
23 Deine Fürsten sind widerspenstig und Diebsgesellen, jeder liebt Bestechung und jagt nach Geschenken. Der Waise helfen sie nicht zum Recht, und der Witwe Sache kommt nicht vor sie.

\# In diesem Jubiläum bildet die Totenklage für Joseph den Hintergrund für die Textgestalt (Gen 50,22-26). „Das Scheltwort … hat seine formale Eigenart darin, dass es weitgehend in das Gewand einer Leichenklage gekleidet ist. Das Besondere der vorliegenden Klage besteht darin, dass sie nicht einer zerstörten, und insofern wirklich „toten" … Stadt gilt."[8]

---

[8] BKAT X 1 Hans Wildberger: *Jesaja 1-12*; 1980, Seite 57

Jesaja 1,24-31

Der fünfte Abschnitt 1,24-31 beginnt am Zeilenanfang, in 1QJesª im Spatium und schließt im freien Zeilenende.

Der Abschnitt 1,24-31 ist mit dem Abschnitt 1,21-23 eng verknüpft. „Durch Wortberührungen und Bildgehalt entsprechen sich jeweils die Verse 21 und 26, 22 und 25, 23 und 24."[9]

Der Abschnitt nennt 1,24-26 die Wiederherstellung *der treuen Stadt und der Gerechtigkeit*, hat mit 1,27-28 einem erklärenden Zusatz und in 1,29-31 ein Wort gegen Mächtige.

Jes 1
24 Darum spricht der Herr JHWH der Heerscharen, der Starke Israels: Weh, ich werde mich an meinen Widersachern rächen und mich rächen an meinen Feinden.
25 [Und ich will meine Hand gegen dich wenden], und mit Lauge deine Bleiglätte läutern und all deine Schlacken ausschmelzen.
26 Deine Richter mache ich wie zur ersten Zeit und deine Räte wie im Anfang. Danach wird man dich nennen: Stadt der Gerechtigkeit, treue Stadt.
27 [Zion wird erlöst durch Recht, und seine Rückkehrenden durch Gerechtigkeit.
28 Aber Zerschmettert werden Abtrünnige und Sünder allzumal, und die JHWH verlassen, kommen um.]
29 Denn ihr werdet beschämt wegen der Bäume, die ihr begehrt, und ihr werdet mit Scham bedeckt wegen der Gärten, an denen ihr Gefallen habt.
30 Denn ihr werdet sein wie eine Therebinthe, deren Laub welkt, und wie ein Garten, der kein Wasser hat.
31 Der Starke wird zu Laub werden und sein Tun zum Funken, und sie werden beide miteinander verbrennen, und niemand wird löschen.

1,24 Folgen wir den „Wortberührungen" als Interpretationsgrundlage wird deutlich, dass die Fürsten in 1,23 durch ihre mangelnde Aufmerksamkeit gegenüber den benachteiligten Waisen und Witwen zu Widersachern und Feinden Gottes wurden, die die Rache Gottes auf sich zogen! Sie nutzen und missbrauchten ihre Stellung für ihren persönlichen Vorteil und nicht mehr als Verwalter Gottes über sein Volk. **1,25** Der Reinigungsvorgang mit Lauge veranschaulicht, wie Gott dabei vorgeht. Er wäscht die Schlacke aus, die in 1,22 zur Verwässerung der Werte führte. Somit bleibt die übrige Struktur erhalten. **1,26** Die Wiederherstellung der ersten Zeit im Anfang ist auf die treue Stadt gerichtet. **1,27-28** Durch spätere Hand wurde Zion als diese Stadt nachgetragen, wenn die Exilrückkehrer Gerechtigkeit und Recht bekommen, Abtrünnige und Sünder aber umkommen.

---

[9] ZBK AT 19.1 Konrad Schmid: *Jesaja 1-23*; 2011, Seite 57

1,29-31 handelt über zwei Personen, die wegen der begehrten Gärten selbst wie ein Garten ohne Wasser würden und wegen ihrer großen Bäume wie welkes Laub. Des Starken tun löst einen Funken aus, *und sie werden beide zusammen verbrennen*. Es handelt sich offensichtlich um ein älteres Stück. Die Elemente 1,29 *begehrte große Bäume*; *Gärten, an denen ihr gefallen hattet*; 1,30 *verwelkt ... kein Wasser* erinnern an Ahab und Isebel, die den Baal Kult (unter jedem Baum) förderten. Ahab gefiel ein Weingarten, den er sich durch Naboths Tötung aneignete (1Kö 21). Elia kündigte Ahab eine Trockenperiode von 3 ½ Jahren an (1Kö 17). Mitten in der Dürre-Erzählung (1Kö 18) ist die Gotterweis-Erzählung mit Elia eingebettet (1Kö 18,21-40). Die Elemente *Starker ... Funken ... verbrennen ... löschen* aus 1,31 sind dort als *JHWHs Feuer ... verbrennen ... löschen* präsent (1Kö 18,38.33-35). Es hat ganz den Eindruck, als sei an dieser Stelle ein altes Wort gegen Ahab und Isebel angefügt worden, um für die diebischen Fürsten in 1,23 einen Vergleich heranzuziehen.

Die Urväter wurden damals als legitimer Herrscherzweig der Hirtenkönige aus Kanaan verdrängt und wurden in Ägypten ansässig. Die Rache an seinen Widersachern bekommt so in 1,24f ein Gesicht gegen die Gilde der von Gott unabhängigen Weltherrscher. Diese würden die Rache erfahren, bzw. als Schlacke ausgeschieden. Die Wiederherstellung der treuen Stadt lässt auf die Dynastie von Isne blicken, die zurzeit der Urväter von Kanaan aus beherrscht wurde.

#Hintergründe# Eine Untersuchung der Genesis nach Merkmalen eines Ursprungs Abrams in den Königslisten macht Gemeinsamkeiten sichtbar. Das beginnt schon mit dem Namen Abram. Hansjörg Bräumer führt aus: Je nach Bestimmung der Verbalform kann Abram heißen

1. Der erhabene Vater
2. Der Vater des Erhabenen
3. Der Vater ist erhaben
4. Mein Vater ist erhaben
5. Der Vater war erhaben
6. Mein Vater war ein Erhabener
7. Er ist erhaben durch seinen Vater

Hier geht es schon in der Namensbildung um Herrschaft. Der Name Sarai ist ein Titel, *hebr* Fürstin oder Herrin von scharatu, Königin und war als Name der Frau vom Mondgott Sin bekannt. Die gleiche Bedeutung kommt dem Namen Milka zu. Diese Frauen heirateten nach dem Tod Harans Abram und Nahor (Gen 11,27-30), was als Reaktion auf den Tod des Monarchen beobachtet werden konnte. Abram bietet später Lot das ganze Land an, als gehöre es ihm, bzw. seiner Familie (Gen 13,9). In Gen 14,13 wird von Abrams Bundesgenossen gesprochen. Abram kann spontan 318 geübte Männer für den Kampf aufbieten, alles in seinem Haus geborene Sklaven (Gen 14,14).

Abrams Gesinde dürfte bei über tausend Mann gelegen haben. Er wohnte nicht in einem Zelt sondern in Zelten (Gen 13,18). Sein Enkel Esau ritt Jakob mit 400 Mann entgegen, was bei Jakob angstvolle Befürchtungen auslöste (Gen 32,6-21; 33,1).

„Beim Bundesschluß Gottes mit Abram bekommt Abram einen neuen Namen. Die Umbenennung bezieht sich – ähnlich wie beim König, der bei seiner Krönung einen neuen Namen bekommt – im Wesentlichen auf die Funktion des Namenträgers im neuen Lebensabschnitt. ... Das Alte Testament unterscheidet deshalb genau zwischen Abram und Abraham."[10]

Abraham, Isaak und Jakob waren Männer mit Macht. In Jub wird das Geschehen um Sichem (Gen 33,18; 34) als ein Krieg mit tausenden von bewaffneten Männern geschildert (Jub 34,1-10, vgl. Gen 35,5). Abram durchzog das Land, doch kann Mamre als die zentrale Lagerstätte ausgemacht werden, in dessen Nähe Sara begraben wurde (Gen 14,13; 15,9f[Jub]; 18,1; 23,17.19; 25,9; 49,30; 50,13). Isaak und auch Jakob sollen diese bei Hebron gelegene Stätte übernommen haben (Gen 35,27; Jub 16,1; 19,5; 35,20.27; 36,2.20). Jub 37 berichtet von einem Krieg der Söhne Edoms gegen Jakob, um ihn „auszurotten von der Erde, ehe er Macht erlangt" (Jub 37,6). Viertausend angeworbene Männer sind gegen Jakob nach Mamre gezogen und wurden zurückgeschlagen. Edom wurde tributpflichtig gemacht (Jub 38,10-13).

„Es ist auffallend, dass nicht von einer Vaterstadt Abrams gesprochen wird ... Gott verheißt Abram nicht eine Volksgemeinschaft im Sinne einer Verwandtschaft (hebräisch ´am); Gott verspricht, Abram zu einem Volk von politischer Größe (hebräisch goij) werden zu lassen."[11]

---

[10] WStB Hansjörg Bäumer: *Das erste Buch Mose Bd. I*; 2008, Seite 230
[11] WStB Hansjörg Bäumer: *Das erste Buch Mose Bd. II*; 2008, Seite 47f

Jesaja 2,1-4

Der sechste Abschnitt 2,1-4 beginnt mit einem eingerückten Zeilenanfang, in 1QJesᵃ am Zeilenanfang und schließt am offenen Zeilenende.

Der Abschnitt 2,1-4 setzt mit einer eigenen Überschrift ein. Die Wiederherstellung der treuen Stadt und der Gerechtigkeit 1,24-26 bekommt in 2,2-4 ihre weltweite Geltung am Ende der Tage. Mi 4,1-4 bietet dazu eine Parallelüberlieferung, *denn der Mund JHWHs der Heerscharen selbst hat es geredet* – Mi 4,4b. 2,1 Diese Überschrift erscheint wegen der Überschrift in 1,1 überflüssig. Sie wurde wohl in der Absicht nachgetragen, Jesaja gegenüber Micha zu betonen.

Jes 2	Mi 4
1 [Das Wort, das Jesaja, der Sohn Amoz, über Juda und Jerusalem schaute.]	
2 Und es wird geschehen am Ende der Tage, da wird der Berg des Hauses JHWHs feststehen auf dem Gipfel der Berge und erhaben sein über die Hügel und [alle] Nationen werden zu ihm strömen.	**1** Am Ende der Tage aber wird der Berg des Hauses JHWHs fest stehen über den Gipfeln der Berge und erhaben über die Hügel, und die Nationen strömen hin.
3 Und viele Völker werden hingehen und sagen: Kommt und lasst uns hinaufziehen zum Berge JHWHs, zum Hause des Gottes Jakobs. Er wird uns seine Wege lehren, und wir wollen in seinen Pfaden wandeln, denn von Zion wird das Gesetz ausgehen, und das Wort JHWHs von Jerusalem.	**2** Und viele Völker werden sich aufmachen und sagen: „Kommt, lasst uns zum Berg JHWH ziehen, zum Haus des Gottes Jakobs, damit er uns seine Wege lehrt, und wir auf seinen Pfaden wandeln." Denn von Zion wird das Gesetz ausgehen und das Wort JHWHs von Jerusalem.
4 Und er wird richten zwischen den Nationen und Recht sprechen vielen Völkern. Und sie werden ihre Schwerter zu Pflugmessern schmieden, und ihre Speere zu Winzermessern. Nicht wird Nation gegen Nation das Schwert erheben, und sie werden den Krieg nicht mehr lernen.	**3** Dann wird er richten zwischen vielen Völkern und Urteile für mächtige Nationen in der Ferne sprechen, Und sie schmieden ihre Schwerter zu Pflugscharen und ihre Speere zu Winzermessern. Kein Volk erhebt mehr das Schwert gegen ein anderes, und der Krieg wird nicht mehr erlernt.
	4 Und sie werden jeder unter seinem Weinstock und unter seinem Feigenbaum sitzen, und keiner schreckt sie auf, denn der Mund JHWHs der Heerscharen selbst hat es geredet.
	5 Alle Völker werden je für sich wandeln im Namen ihres Gottes, wir aber wandeln im Namen unseres Gottes JHWHs für immer und ewig.

2,2/4,1 Die Zeitangabe am Ende der Tage spricht die letzten Tage[LXX] an und steht als Teil des großen Gerichtes (Hen 1,1-9) am Ende der Weltzeiten, die erst hinter den abgelaufenen Sonnenzeiten 2020/22 erscheinen.[12]

Von einer völlig neuen Zeitebene können wir nicht sprechen, denn in Mi 2,5 blitzt bereits die Staatsgründung Israels nach dem zweiten Siebener in Mondzeiten 1945/48 auf. Von Mi 2,3 aus ist ihr Unglück angesprochen, dem die Geschehen in Mi 2,11-13 zuzuordnen sind, ein populistischer Prophet. Die Sonne geht über den Propheten unter (Mi 3,6). Das alles gehört in die letzten Tage[LXX], die erst dann vollständig enden, wenn Sonne, Mond und Sterne erloschen (d. h. abgelaufen) sind.[13]

Der Berg des Hauses JHWHs wird fest über andere Berge und Höhen stehen. **2,3/4,2** Die Wallfahrt richtet sich auf diesen Berg. Die Belehrung geht vom Berg des Gottes Jakobs aus. **2,4/4,3** Das Gericht zwischen vielen Völkern führt zu Urteilen gegen mächtige Nationen in der Ferne (Dan 7,9-12.25-27) und bewirkt eine Abrüstung, dem alle Staaten nachkommen müssen. Dieses Gericht ist zeitlich hinter Joel 3,10 anzusiedeln, wo in entgegengesetzter Weise auf die Anfeindungen gegen den Staat Israel reagiert wird.

4,4 Der aufkommende Wohlstand wird in Bildern der Zeit Salomos beschrieben (1 Kö 5,5) und zeigt ein Leben in friedlichen Verhältnissen bei ausgewogener Verteilung, d. h. auch sozialer Gerechtigkeit. **4,5** Im Namen ihres Gottes oder *jeder seinen Weg*[LXX] beschreibt einen Fortbestand der Völker (Dan 7,12), der dadurch ermöglicht wird, dass alle Menschen sich Gott zuwenden wollen. Das wird nach dem Sturz des Babylons in XXL in der Bereitschaft zu erkennen sein, die Belehrung aus Jerusalem (Apk 21,1f) bereitwillig anzunehmen. Die Tempelvisionen von Hesekiel, Schealtiel und Johannes machen deutlich (Hes 40-48; 4Esr 10,23-59; Apk 21), dass neben dem Zion im Himmel, dem Jerusalem oben, nichts Irdisches bestehen wird (4Esr 10,54; Apk 19,19-21).

\# Das Volk Israel erlebte während der 4. Dynastie Ägyptens monumentale Baumaßnahmen. Die Pyramiden assoziieren hier mit dem Berg des Hauses JHWH. Ein Auszug der rekonstruierten Chronologie unter Berücksichtigung der Zählung der Jahre in Abschnitten (MT[P]), Maneto (V), Turiner Papyrus (T) und zeitgenössischer Zählungen:

---

[12] Harald Schneider: *Das Zwölf-Propheten-Buch*; 2023, Seite 178f
[13] Ebda: Joel 2,30.31 [Ein Wahrzeichen in den Himmeln setzen]; siehe Kommentar zu Joel 3,15; Zep 3,8.9; Hab 3,14; Mal 4,5; vgl. Mat 24,29*Par*.

#Hintergründe# Auch Aches[V] *1731* ist *mit dem Verlust und der Pflicht es wiederzubringen* als ein Eintrag auf einen Herrscherwechsel zu interpretieren. Wie lange regierte Huni? Die Antwort aus T mit 24 Jahren kann von der MT[P] *1708* in Dtr 23,18-21 gestützt werden. Er führte Feldzüge gegen Libyen und Nubien und unternahm eine große Handelsexpedition in den Libanon [wiki/Snofru]. Wegen seiner monumentalen Bauten halten viele Ägyptologen seine Regierungszeit 24[T]/29[V] für zu kurz und sehen zeitgenössische „24. Mal der Zählung" als zu wenig. In der MT[P] führt 24[T] zu der Aussage: *hoch über alle Nationen* in Dtr 26,16-19 *1684*.

Snofru erfüllt diese Aussage mit seinen drei Pyramidenbauten mit Leben, u. a. der größten Pyramide der Welt. Cheops, Souphis I. soll 23[T] 63[V] 50[Herodot] Jahre regiert haben

Soris	1708	Gott bringt *ihn*[Vg] aus Ägypten hinaus
Souphis I.	1684	Hoch über alle Nationen ... setzen
Souphis II.	1662	nicht zu hoch in den Himmel ...
Mencheres		= Mesochris 4/3 (Mykerinos) =
Ratoises	1643	Der *Aufwärter* ist tot, steh auf
Sebercheres	1635	12 Männer, 12 Steine (12. König)
Thamphtis	1630	Heute Schmach Ägyptens abgewälzt

und zeitgenössisch ist ein „17. Mal der Zählung" bekannt. In der MT[P] führen 23[T] zu der Aussage *nicht zu hoch in den Himmeln oder auf der anderen Seite des Meeres* und ist im letzten Viertel der Adresse für *1662-1661* in Dtr 30,11-14.

Chephren (Souphis II.) soll 20+x[T] 66[V] 56[Herodot] Jahre regiert haben und zeitgenössisch ist ein „13. Mal der Zählung" bekannt. In der MT[P] stehen somit 20-29[T] zur Disposition. Die Adresse ist so eingetragen, dass mit dem Wechsel von Moses auf Josua als Führer obiger Wechsel im 21. Jahr Chephrens *1643* in *Jos 1,1-9* hinterlegt ist. Nach Herodot, *Historien 2,127* seien viele Bewohner Ägyptens zur Arbeit an seiner Pyramide gezwungen worden und schon sein Vater soll diesen Prozess in Gang gesetzt haben.

Ratoises[V], d. h. Radjedef soll 8[T] 25[V] Jahre lang regiert haben und zeitgenössisch ist ein „1. Mal der Zählung" sicher bekannt. Sein Nachfolger Sebecheres[V] tritt im Jahr *1635* als 12. Regent über Jakob an, *zwölf Männer und zwölf Steine* in MT[P] *Jos 4,1-3*.

Bicheris[V] gehört als Nachfolger Mykerinos[V] durch die Gleichsetzung mit Mesochris[V] in die 3. Dynastie an die Stelle des Soyphis[V]. Sowohl Mykerinos x+8[T] 63[V] „11. Mal der Zählung" als auch Bicheris 22, über den Manetho nichts zu Berichten wusste, dürften sich im historisch-zeitlichem Gefüge von Mesochris 17[V] und Soyphis 16[V] begegnen. Die umstrittene Hieroglyphe für Baka kann auch mit Seth-Tier als *Sethka* gelesen werden, dem gräzisierten Soyphis.

Sebecheres[V], d. h. Schepseskaf soll 4/x[T] 7[V] Jahre lang regiert haben und ist mit einem „Jahr nach dem 1. Mal der Zählung" zeitgenössisch bekannt. Sein 1. Regierungsjahr ist auf dem Palermo Stein erhalten. Im 5. Jahr *war kein Geist mehr in ihnen (den Königen)*, so die MT[P] Auskunft in *Jos 5,1*. Sein Nachfolger Thamphthis[V] soll nur 2[T] 9[V] Jahre regiert haben, wobei in T der Name verloren und 2[T] bescheinigt wurden. Nach der MT[P] waren schon im Jahr darauf einschneidende Veränderungen. *Mache dir Feuersteine und beschneide die Söhne Israels zum zweiten Mal.* Diese *besondere Zeit* war *1637* in *Jos 5,2-8* und musste bewältigt werden, *bis sie wiederauflebten*. Für Thamphthis[V] sind 2 Jahre zustande gekommen, aber es war das Ende der 4. Dynastie, die sich durch Zwangsarbeit an den Pyramiden allseits unbeliebt gemacht hatte.[14]

---

[14] Harald Schneider: *Die Flut im Lebensraum der Menschheit*; 2024, S. 59f

26

Jesaja 2,5-11

Der siebte Abschnitt 2,5-11 beginnt im eingerückten Zeilenanfang, in 1QJesᵃ am Zeilenanfang und schließt in einem freien Zeilenende.

Der Abschnitt 2,5-11 beginnt mit Vers 5, der meist zu 2,1-4 gezogen wird, aber bereits einem neuen Abschnitt angehört. In 2,5 wird das Haus Jakob aufgerüttelt, im Licht der Prophezeiung zu wandeln, obwohl Jakob/Israel bereits in 2,6 verstoßen wurde. Vielleicht ist hierin ein Impuls für die vielen Flüchtlinge aus dem Nordreich zu sehen.

Die Anklage gegen Jakob/Israel in 2,6-9 ist wegen der Übernahme der umliegenden Kulte, 2,7 dem maßlosen Reichtum, den sich Jakob als Militärmacht ansammelte und auf den er vertraute, 2,8 dem Götzenkult im Land und 2,9 dem Niederbeugen der Menschen im Land.

2,10 und 2,11 wurden nachträglich angefügt und sind inhaltlich von 2,17 und 2,19 inspiriert worden, die zusammen mit 2,20-22 eine Komposition abschließen, die um 2,12-16 gelegt wurde. Dabei steht als äußerer Rahmen 2,5 *kommt* dem 2,22 *lasst ab* gegenüber. *Gold, Silber, Götzen* 2,6-9 – 2,20; *verbergen vor dem Schrecken JHWHs* 2,10 – 2,19.21; *Stolze erniedrigt, JHWH erhaben* 2,11 – 2,17. Die Absätze ohne Zuwachs zeigen 2,6-9 und 2,12-19 getrennt. Ersteres ist gegen Jakob/Israel gerichtet, das Untergehen musste, zweiteres ist ein sehr altes Wort über *einen Tag*. Wer die 2,9 *(Rechts)Beugung* 2,6 *Jakobs* missverstand und mit dem Zusatz als von Gott veranlasst versah, hat auch alles Weitere angliedert und entsprechend anpasst. Dies könnte durchaus bereits von Jesaja so aufgefasst worden sein.

Jes 2
5 [Komm, Haus Jakob, und lasst uns wandeln im Lichte JHWHs!]
6 Denn du hast dein Volk preisgegeben, das Haus Jakob, denn sie sind voll von Wahrsagern aus dem Osten, und von Zauberern wie bei den Philistern, und mit Fremden Gesindel klatschen sie in die Hände.
7 Sein Land ist voll Silber und Gold, und ihre Schätze nehmen kein Ende. Und sein Land ist voller Pferde, und ihrer Wagen nehmen kein Ende.
8 Und sein Land ist voller Götzen, vor dem Werk seiner Hände fällt man nieder, vor dem, was seine eigenen Finger gemacht haben.
9 Da wird der Mensch gebeugt und der Mann erniedrigt [und vergib ihnen nicht].
10 [Geh in den Felsen und verbirg dich im Staub vor dem Schrecken JHWHs und vor der Offenbarung seiner Majestät!
11 Der hochmütige Blick des Menschen muss sich senken, und der Stolz des Manns wird gebeugt, und JHWH wird hoch erhaben sein, er allein, an jenem Tag.]

Die Beschreibung passt gut auf Israels Umwelt in Ägypten (s. u.).

Jesaja 2,12-22

Der achte Abschnitt 2,12-22 beginnt im eingerückten Zeilenanfang und schließt in einem freien Zeilenende.

Der Abschnitt 2,12-22 wurde mit 2,5-11 in eine Komposition gesetzt und so die Anklage gegen Jakob mit einer Erniedrigung an *einen Tag* verbunden. Der ältere Abschnitt 2,12-19 verarbeitet ähnlich wie Mi 1,1-4 henochische Stoffe aus dem Wächterbuch, die Gottes Erscheinen bei den Menschen beschreiben (Nah 1,2-8; Hab 3,3-13).

In 2,12 wird eine Verbindung zum *Ende der Tage* in 2,2 gezogen. Alles Stolze, Hohe und Erhabene wird erniedrigt werden (Hen 1,5). 2,13 Die Bäume des Libanon würden verwandelt (vgl. 33,9; 29,17). 2,14 Alle hohen Berge und Hügel 2,2 werden erniedrigt (Hen 1,6; Mi 1,4; Nah 1,5; Hab 3,6). 2,15 Türme und Mauern werden bedeutungslos (vgl. Jos 6,16.20; Yaschar^O473 20). 2,16 Die Schiffsflotte von Tarschisch und alle Prachtschiffe gehen unter (33,21; 43,14). 2,17 Die Überheblichkeit der Menschheit und der Stolz der Männer werden erniedrigt (Hen 1,9). 2,18 Götzen verlieren jede Bedeutung. 2,19 Sie verbergen sich in Felsen und Erdlöchern (vgl. Hos 10,5-8). 2,20-22 sind erklärende Zusätze. 2,21 wiederholt 2,19. 2,20 ist eine Ringkomposition über *Gold, Silber, Götzen* 2,6-9, 2,22 schließt 2,5.

Jes 2
12 Denn JHWH der Heerscharen hat einen Tag über alles Stolze und Ragende, und über alles Erhabene und Hohe,
13 und über alle Zedern des Libanon, [die hohen und erhabenen,] und über alle Eichen Baschans
14 und über alle hohen Berge und über alle ragenden Hügel,
15 und über jeden hohen Turm und über jede feste Mauer,
16 und über alle Tarschischschiffe und über alle kostbaren Luxusschiffe.
17 Und der Hochmut des Menschen wird gebeugt und des Manns stolz erniedrigt, und JHWH wird an jenem Tag hoch erhaben sein, er allein.
18 Und die Götzen verschwinden ganz.
19 Geht in die Felsenhöhlen und die Erdlöcher vor dem Schrecken JHWHs und vor der Offenbarung seiner Majestät, wenn er sich erhebt, dass die Erde erschreckt.
20 [An jenem Tag wird der Mensch seine Götzen von Silber und seine Götzen von Gold, die er sich zum Anbeten gemacht hat, den Maulwürfen und den Fledermäusen hinwerfen,
21 um in die Felsspalten und die Felsenklüfte zu entkommen vor dem Schrecken JHWHs und vor der Offenbarung seiner Majestät, wenn er sich erhebt, dass die Erde erschreckt.]
22 [Lasst von Menschen ab, in dessen Nase nur Odem ist, denn wofür ist er zu achten?]

Neben bekannten Merkmalen der Offenbarung Gottes (2,13-15) werden Menschen erniedrigt, die als Götter verherrlicht wurden (vgl. 2,12.17). Die Assoziation mit Höhe erinnert an die Pyramidenbauten Ägyptens. Diese Liste nennt auch Kriegs- und Luxusschiffe (2,16), was auf den Kanal des Unas vom Nil zum Roten Meer zeigt. Das Volk Israel erlebte in Ägypten mit diesem Unas das Ende der 5. Dynastie.

#Hintergründe# In der Königsliste von Sakkara laufen die Herrscher der 6. Dynastie auf Nofrusobek zu, einer Königin, die die folgenden Könige der 12. und 11. Dynastie *in umgekehrter Folge* anführt. Das Turiner Königspapyrus hat sie als Nefru-Sobek mit 3 Jahren, 10 Monaten und 24 Tagen in einem Bereich eingetragen, der mehr zum Ende der 6. Dynastie passt. Diese Umstände bestärkt die Überlegung, ob Nofrusobek nicht mit der Königin Nitokris der 6. Dynastie identisch ist. Die Königsliste von Karnak nennt Sobek-Ka-Re neben Amenemhet IV.

Herodot schreibt: „Und die Frau, die Königin gewesen war, hatte den gleichen Namen wie die Babylonierin Nitokris. Die hat Rache genommen für ihren Bruder … den Ägypter umgebracht hatten, als er König war über sie, und nach dem sie ihn umgebracht, gaben sie ihr die Königsherrschaft. Für den nahm sie also Rache und brachte viele Ägypter durch eine List um. Sie baute nämlich einen weiten unterirdischen Saal und gab vor, ihn einzuweihen, hatte aber ganz anderes im Sinn. Sie lud Ägypter ein, die sie vor allem an dem Mord schuldig wusste, und bewirtete sie, eine große Menge, und als sie beim Mahl waren, leitete sie den Fluss hinein durch einen großen versteckten Tunnel." (Walter Mark: *Herodot, Historien II, 100*)

Die Fürsten vom Alte Reich (6. Dyn.) und vom Mittlere Reich (die 12. Dyn.) verbargen sich in der Felsenhöhle und das Erdloch der Nitokris und kamen ums Leben (2,19). Sie würden ihr Silber und Gold den Maulwürfen und Fledermäusen hinwerfen (2,20).

Es fällt auf, dass die 12. Dynastie mit der 6. Dynastie (128 Jahre) gleich aufschlägt, den nach Manetho gehörte Amenemhet I. noch der 11. Dynastie an. *Mentuhotep II.* hatte nach dem Turiner Königspapyrus 51^T Jahre lang die Herrschaft. Vom 30.-39. Jahr trägt er die Krone über ganz Ägypten. Hier müssen Schnittstellen zur 5. Dynastie zu finden sein. Tatsächlich fällt das Auftreten *Unas/Amenemhet I.* mit dem Abbruch der Reichseinigung unter *Mentuhotep II.* zusammen! Einige erwägen nur 19 Jahre für Unas, was sich mit den [1]9^T *Amenemhet I.* als Alleinherrscher verbinden lässt.

11./12. Dynastie	von	bis	Jahre
Mentuhotep II.	1585	1534	51^T 48
[Djedkare 1574-1546]	1556	1545	30.-39. Jahr Ober- und Unterägypten
[Unas 1546-1516]	1545	1534	40.-51. Jahr
Mentuhotep III.	1537	1526	(ab dem 49. J. Mitregent) 12
Amenemhet I	1546	1516	(11. Dynastie) [2]9^T 30
Senwosret I	1526|1516	1485	(Personalunion A. II.) 45^T|35 31
Amenemhet II	1516	1485	(ab 32. J S. II. Mitregent)
Senwosret II	1485	1466	(48^V zus. mit S. III) 19^T
Senwosret III	1466	1447	(ab 20. J A. III. Mitregent) 3x^T 19
Amenemhet III	1447	1403	4x^T (46J 3M) 44
Amenemhet IV	1403	1394	9J 3M 7T^T
Nofrusobek	1394	1390	3J 10M 24T^V

Jesaja 3,1-12

Der neunte Abschnitt 3,1-12 beginnt am Zeilenanfang und schließt im freien Zeilenende.

Der Abschnitt 3,1-12 setzt die Worte für *einen Tag* in 2,12-22 fort, wobei in 3,1 Jerusalem und Juda Stütze und Unterstützung entzogen werden. In 2,5-11 wurde noch Jakob/Israel angeklagt. Übergeht man den älteren Teil 2,12-22, folgt dem Untergang Israels ein Chaos in Jerusalem und Juda. Die Liste in 3,2-3 nennt keinen König sondern Würdenträger quer durch das Volk. In 3,4 geht die Herrschaft an junge Fürsten, in 3,12 um Frauen erweitert, die das Volk in die Irre leiten würden. 3,5 Es kommt zu inneren Spannungen und zu 3,6-7 personellen Problemen in der Führung. 3,8 Dieser Sturz geschah, weil ihr Reden und Handeln im Widerstand gegen seine Herrlichkeit stehen, 3,9 und sie ihre Sünden als Normal verstehen, dem ein Wehe, 3,10 eine Zusage an Gerechte und in 3,11 noch ein Wehe angefügt wurden, bevor 3,12 die Situation zusammenfasst.

Jes 3

1 Denn siehe, der Herr, JHWH der Heerscharen, entfernt von Jerusalem und Juda Stütze und Stab, [jede Stütze an Brot und jeden Stab an Wasser].

2 Helden und Kriegsmann, Richter und Propheten und Wahrsager und Älteste,

3 Obersten über fünfzig und Angesehene, Ratgeber, Zauberkünstler und der Beschwörung Kundigen.

4 Ich mache Kinder zu ihren Fürsten, und die Willkür sollen über sie herrschen.

5 Und das Volk wird sich gegenseitig bedrücken, einer den anderen und jeder den Nächsten. Der Junge wird frech zum Alten und der Verachtete zum Geehrten.

6 Da wird einer seinen Bruder im Vaterhaus packen und sagen: Du hast ein Kleid, werde du unser Führer, und dieser Trümmerhaufen sei unter deiner Hand.

7 Er schreit an jenem Tag und sagt: Ich kann kein Wundarzt sein, in meinem Haus gibt es kein Brot [noch Kleid]. Macht mich nicht zum Führer des Volkes.

8 Ja, Jerusalem ist ein Trümmerhaufen und Juda gefallen, weil ihre Zunge und ihre Taten gegen JHWH sind, um zu trotzen [den Augen] seiner Herrlichkeit.

9 Der Ausdruck ihres Gesichts zeugt gegen sie, von ihrer Sünde sprechen sie offen [wie Sodom], sie verhehlen sie nicht. [Wehe ihnen sie bereiten sich selbst Böses.]

10 [Heil dem Gerechten, denn es geht ihm gut, ja, genießt die Frucht seiner Taten.

11 Wehe dem Gesetzlosen, denn ihm geht es schlecht, denn das Tun seiner Hände wird man ihm antun.]

12 Mein Volk seine Bedrücker sind Kinder, und Frauen herrschen über sie. Mein Volk, deine Führer führen irre, und den Weg den du gehen sollst verwirren sie.

Der Abschnitt ist, wie die nachgelagerten Wehe in 3,9-11 zeigen, in seiner Struktur von späterer Hand verändert worden. Wichtige Impulse zur Rekonstruktion liefert hier die geschichtliche Ordnung der Wehe Rufe in Jubiläen:

§ Die als Einfügung geklammerten Wehe Rufe in 3,9b.11 beschreiben in 3,1-12 Ereignisse des 3. und 4. Jubiläums. Sie füllen die Spanne von *früh morgens bis spät am Abend* in 5,11-18 für Israel auf (2. – 5. Jubiläum). In der jetzigen Gestalt ist dem Wehe Ruf 3,11 3,12 zuzuordnen, während 3,9b nachgelagert auf 3,1-9a wirken soll.

3,1 JHWH hatte Jerusalem und Juda *Stütze und Unterstützung* entzogen, als Amazja gegen Israel in den Krieg zog und Jerusalem eine Niederlage erlitt und Joas Geiseln nahm 3,2.3.6-9 (2Kö 14,8-14). Dieses Geschehen lässt sich dem 4. Jubiläum zuordnen. Damit erscheinen die Reihenfolgen in 3,1-12 durcheinandergepurzelt.

3,4.5 blieb für das 3. Jubiläum vorgezogen stehen und ist dem Wehe Ruf in 3,11.12 zuzuordnen. Das Wehe in 3,11 gegen den *Gesetzlosen* ist auf die Bedrückung von Kindern durch die Herrschaft von Frauen zurückzuführen 3,12, wie das bei Athalja von Juda (2Kö 11) im 3. Jubiläum der Fall war. Vielleicht erschien es einem Abschreiber grotesk, die Herrschaft von Frauen vor die Niederlage Jerusalems stehen zulassen. Auch in 3,12 erscheint Joas, ein König mit 7 Jahren, der bereits 6 Jahre herrschenden Athalja im Text vorgezogen (2Kö 11,1-3.21). 3,9b steht nicht wie ursprünglich vorweg.

Rekonstruktionsvorschlag: 10-12 steht vor 4-5 und 9b vor 1-3.6-9a

Jes 3
10 [Heil dem Gerechten, denn es geht ihm gut, ja, genießt die Frucht seiner Taten.
11 Wehe dem Gesetzlosen, denn ihm geht es schlecht, denn das Tun seiner Hände wird man ihm antun.]
12 Mein Volk seine Bedrücker sind Kinder, und Frauen herrschen über sie. Mein Volk, deine Führer führen irre, und den Weg den du gehen sollst verwirren sie.
4 Und ich mache Kinder zu ihren Fürsten, und Buben sollen über sie herrschen.
5 Und das Volk wird sich gegenseitig bedrücken, einer den anderen und jeder den Nächsten. Der Junge wird frech zum Alten und der Verachtete zum Geehrten.

9b [Wehe ihnen sie bereiten sich selbst Böses.]
1 Denn siehe, der Herr, JHWH der Heerscharen, entfernt von Jerusalem und Juda Stütze und Stab, [jede Stütze an Brot und jeden Stab an Wasser].
2 Helden und Kriegsmann, Richter und Propheten und Wahrsager und Älteste,
3 Obersten über fünfzig und Angesehene, Ratgeber, Zauberkünstler und der Beschwörung Kundigen.
6 Da wird einer seinen Bruder im Vaterhaus packen und sagen: Du hast ein Kleid, werde du unser Führer, und dieser Trümmerhaufen sei unter deiner Hand.
7 Er schreit an jenem Tag und sagt: Ich kann kein Wundarzt sein, in meinem Haus gibt es kein Brot [noch Kleid]. Macht mich nicht zum Führer des Volkes.
8 Ja, Jerusalem ist ein Trümmerhaufen und Juda gefallen, weil ihre Zunge und ihre Taten gegen JHWH sind, um zu trotzen [den Augen] seiner Herrlichkeit.
9 Der Ausdruck ihres Gesichts zeugt gegen sie, von ihrer Sünde sprechen sie offen [wie Sodom], sie verhehlen sie nicht.

Auffällig liefert der Abschnitt 3,1-12 Bilder, die sich hervorragend um die im vorigen #Abschnitt angesprochene Rache der Nitokris legen, die von Herodot überliefert und von der Wissenschaft eher abgelehnt wird. Der Wegfall von 3,1b-3 Stütze und *Stab* sowie allerlei Würdenträger und 3,4-7 die leichtfertige Vergabe/Ablehnung von Ämtern/deren Träger passt gut in die Folgezeit der 13. Dynastie:

#Hintergründe# Die 13. Dynastie ist z. T. noch dem Mittleren Reich zuzuordnen, in dem der Exodus und der Einfall der Hyksos stattfanden. Wir treffen auf parallel verlaufende Herrschaftsstrukturen, die miteinander Verwandt waren und die sich um die Vorherrschaft bemühten. Die Rache der *Nitokris* am Ende der 6./12. Dynastie zog einen Todesstreifen durch die Herrschaftshäuser Ägyptens. Die Königsliste von Karnak hat in vier Abteilen verschiedene Könige mit Spuren dieses Vorfalls in Namen. Auffällig folgt Antef mit der Namensbedeutung *der den Vater mitbringt*, ein Modename zum Todesbankett der Nitokris. Ihre Väter kamen bei dem Bankett nicht ums Leben (oder treten mit ihnen verbunden auf), wichtig für ihre eigene Legitimation!

Es werden sieben Namen mit Antef gezählt, wobei zwischenzeitlich *Nub-cheper-Re-Antef* als letzter angesehen wird. Die Rekonstruktion der Reihenfolge der 13. Dynastie ist nicht einfach, da der Turiner Papyrus, der als zusammenhängendes Dokument Auskunft gibt, nach einem Transport zerfiel und selbst rekonstruiert werden musste.

Amenemhet Sobekhotep[T] kam zur Würde, als Nitokris[V] als Marionette auf den Thron ihres ermordeten Mannes war. Er regierte 2 Jahre, 3 Monate und 24 Tage lang. In seinem 3. Jahr lösten ihn kurz aufeinanderfolgende Herrscher ab. In T reihen sich *User-…-Ra-Chendjer*[T] (Eber), dann Emramescha[E], was so viel wie Truppenvorsteher bedeutet, dann Antef[E] *(der seinen Vater mitbringt)* und *…Seth*[R]. Eine Lücke in T könnte noch einen Namen gefasst haben. Schließlich gelangte aus Militärkreisen *Sechem-Re-sewadj-taui Sobekhotep* für 3 Jahre und 2 Monate auf den Thron. Sein Nachfolger *Cha-sechem-Re Neferhotep*[T] hat die MT[P] Adresse *1Sam 16,1-13 die Auswahl der sieben Söhne Isais, die als Könige ausschieden und dann die Salbung Davids, des achten Sohnes,* hinterlegt. Erst er regierte mit 11 Jahren wieder länger.

Jesaja 3,13-15

Der Abschnitt 3,13-15 zeigt JHWHs Handeln an den Völkern, wobei er auch 3,14 die Führungsschicht seines Volkes einbezieht, die sich durch Raub an den Armen bereichert haben. 3,15 *Was ist mit euch?* Ihre Herrschaft unterdrückt das Volk und beutet seine Armen aus. Damit rückt die Fortsetzung von 3,1-12 als Teil eines Weltgerichtes näher an *für einen Tag* in 2,12 und damit an unsere Zeit heran, an dem Gott für sein Volk und gegen die Hochmütigen richtet.

Jes 3
13 Zum Prozess stellt sich JHWH, tritt auf über sein Volk, um Recht zu sprechen. **14** JHWH kommt zur Gerichtsverhandlung mit den Ältesten und Fürsten seines Volkes: Ihr habt den Weinberg abgeweidet, der Raub des Armen füllt eure Häuser. **15** Was fällt euch ein, dass ihr mein Volk zertretet und das Angesicht der Armen zermalmt? spricht [der Herr,] JHWH der Heerscharen.

Die Mahnung in 3,14b-15, sich nicht an Arme zu bereichern, steht Spr 22,22f sehr nahe.[15] „Prov 22,22 und 22,24-25 gehen auf die in sich geschlossenen und selbständigen Mahnungen zurück, die heute Amenemopes Kapitel 2 und 9 einleiten."[16]

„Hüte dich, einen Elenden zu berauben und einem Schwachen Gewalt anzutun."[17]

Das die Überschriften des Amenemopes in einem Abschnitt Jesajas herangezogen werden, in dem JHWH in einem Gerichtsverfahren für sein Volk recht spricht, lässt den Blick auf Ägyptens Führer zu, die das Volk Israel in Sklaverei unterdrückten und ausbeuteten, und damit auch ihre eigenen Grundsätze missachteten!

---

[15] BKAT X 1 Hans Wildberger: *Jesaja 1-12*; 1980, Seite 133
[16] BZAW 184 Diethard Römheld: *Wege der Weisheit*; 1989, Seite 35
[17] BKAT XVII Otto Plöger: *Sprüche Salomos*; 1983, Seite 268

Jesaja 3,16-17

Der elfte Abschnitt 3,16-17 beginnt im eingerückten Zeilenanfang und schließt in einem freien Zeilenende.

Im Abschnitt 3,16-17 werden die stolzen Töchter Zions in ihrem Verhalten kurz beschrieben, um ihren Zugriff auf Herrschaft in 3,12 anzusprechen, und sogleich ein entgegengesetztes und demütigendes Bild für ihrer Bloßstellung zu geben, woraus ersichtlich werden soll, dass ihnen die Herrschaft über sein Volk nicht zustehen würde. Ein ähnliches Bild wird in Hes 13,17-23 über Prophetinnen ausgebreitet.

Jes 3
16 [Und JHWH sprach:] Weil die Töchter Zions Stolz sind und gehen mit gerecktem Hals und blinzelnden Augen und tänzelnd gehen und mit ihren Fußspangen klirren, **17** so wird JHWH den Scheitel der Töchter Zions grindig machen, und ihre Stirn wird JHWH aufdecken.

Das von einer stolzen Frau die Rede ist, die ihren Hals wörtlich „zur Seite wenden, seitwärts streckten"[18] würde, gewinnt für exakt diesen Zeitabschnitt für Königin Nitokris vor dem Hintergrund der Ermordung ihres Mannes (zu dem sie geneigt ist) an Bedeutung. Ihre Blicke, ihre Bewegungen und ihre Schrittgeräusche scheinen von ihren Absichten abzulenken.

„Schwierigkeiten bereitet das exakte Verständnis der Drohung in 17. … nach der jüdischen Tradition die Bedeutung „grindig machen""[19] In ihrem Kopf reifte der Plan, durch eine List (siehe in 2,12-22#) die Mörder ihres Mannes zu rächen! Mit der Ausführung wurde ihre Stirn aufgedeckt.

#Hintergründe# Manetos Nitokris[V] ist in drei Varianten Überliefert: Eusebius 3[V], Eratosthenes 6[V] und Africanus 12[V] Jahre. Die MT[P]-Auskünfte dazu bestechen geradezu: MT[P] *1399 1Sam 15,2-3* ordnet die *Vernichtung* Amaleks an und in MT[P] *1396 wogt das Getümmel hin und her,* wie bei einem gefluteten Saal. In MT[P] *1391* wird Agag vorgeführt, der dachte *die bittere Erfahrung des Todes* sei gewichen wie bei den Gästen Nitokris. *Danach wird König Agag in Stücke gehauen.*

---

[18] BKAT X 1 Hans Wildberger: *Jesaja 1-12*; 1980, Seite 138
[19] Ebda, Seite 139

Jesaja 3,18-4,1

Der zwölfte Abschnitt 3,18-4,1[=3,27] beginnt im eingerückten Zeilenanfang und schließt in einem freien Zeilenende.

Der Abschnitt 3,18-4,1 setzt den Abschnitt 3,16-17 mit einer detaillierten Auflistung ihrer Utensilien fort, bevor eine Gegenüberstellung in 3,24 den Wechsel zu ihrem Niedergang anzeigt. 3,18-23 sind wohl nachträgliche Erweiterung. Wenn in 3,25 ihre Männer im Krieg durch das Schwert umkommen, wird nur von einer bestimmten Frau gesprochen, die für einen Abkömmling, einer der Töchter des Zions stehen wird. 3,26 Deren Tore werden Klagen, sie wird ausgeleert sein, trauernd auf der Erde sitzen. 3,27/4,1 Sieben andere Frauen, wieder Städte, würden sich einem Mann anschließen wollen, um ihrer Schmach zu entkommen. Dass die Töchter Zions eine Zuordnung zu einer bestimmten Gruppe, eben der Frauen der Stadt (3,16.17) ebenso auch Ortschaften als Töchter der Stadt-Frau Jerusalem ansprechen können wird in 3,25-4,1 genutzt, um die Zukunft aller stolzen Töchter anzuzeigen. *An jenem Tag* könnten mit *sieben Frauen* auch *sieben Zeiten* als Umstellung hinter einer Woche, ansprechen! Beweisen lässt sich das zwar nicht, doch würden etwa zur Anzeige einer Vollständigkeit eher die Zehn als Zahl passen (vgl. Sach 8,23). Nach *deinem Namen genannt werden* impliziert eine bestimmte Person, der *die Schmach der Witwenschaft* wegnimmt.

Jes 3
18 [An jenem Tage wird JHWH den Schmuck wegnehmen: die Fußspangen und die Sonnen und die Monde
19 die Anhänger, die Armbänder und die Schleier
20 die Kopfbinde, die Schrittkettchen und die Gürtel, die Parfüms und die Amulette
21 die Fingerringe und die Nasenringe
22 die Festkleider und die Mäntel und die Umhänge und die Täschchen.
23 die Handspiegel und die Hemden und die Turbane und die Überwürfe.
24 Und es wird geschehen:] Statt des Balsams wird Moder sein und statt des Gürtels ein Strick und statt geflochtener Haare eine Glatze und statt des Prunkgewandes Umgürtung mit Sacktuch, Schmach statt Schönheit.
25 Deine Männer werden durchs Schwert fallen, und deine Helden im Krieg.
26 Und ihre Tore werden klagen und trauern und vereinsamt sitzt sie am Boden.
Jes 4
1 Und an jenem Tag ergreifen sieben Frauen einen Mann und sprechen: Wir wollen unser eigenes Brot essen und uns mit unseren eigenen Kleidern bekleiden, wenn wir nur nach deinem Namen genannt werden, nimm unsere Schmach hinweg.

Drei Ereignisse fallen ins Auge! Der Verlust des Wohlstands 3,25 und der Tod der Männer durch Krieg 3,26. Die Ägypter wurden vor dem Exodus von den Israeliten ausgeraubt (Ex 12,35) und im Roten Meer wurde Pharao und sein Heer vernichtend geschlagen. Doch umfasst die Klage auch die Tore 3,26 und eine Sie sitzt vereinsamt am Boden, was auf den Verlust von Herrschaft hinweist. Während der 13. Dynastie nach dem Exodus fielen die Hyksos ins Land ein.

#Hintergründe# Hiob ist *Hobab, der Sohn Reuels, des Midianiters, Schwiegervater von Moses* (Num 10,29-31), der ein Wüstenführer für Israel sein sollte. Ein Vergleich soll deutlich machen, dass Hiob von den Entwicklungen in Ägypten Kenntnis hatte.

Hiob 12 (über Ägypten)	Papyrus Ipuwer (aus Ägypten)
14 Er reißt nieder, damit es kein Aufbau mehr gibt. Er lässt es vor einem Mann verschließen, dass es nicht geöffnet wird.	2,11 Die Städte sind zerstört, … verödet 3,1 … Die Gaue liegen öde. Ein fremder Stamm kam aus der Ferne nach Ägypten.
15 Siehe! Er hält die Wasser zurück, und sie trocknen aus. Und er sendet sie, und sie verändern die Erde.	3,10 Das ist unser Wasser! Das ist unser Glück! Was sollen wir dabei tun? Alles ist Zerstörung! 2,8 Die Erde dreht sich, wie eine Töpferscheibe.
16 Bei ihm gibt es Stärke und praktische Weisheit. Ihm gehört der Irrende und der Irrenführende.	12,6f Heute Furcht … mehr als eine Million des Volkes. Nie gesehene … Feinde … dringen in die Tempel ein
17 Er lässt Ratgeber barfuß gehen und er lässt selbst Richter von Sinnen werden.	10,3 Das Vorratshaus des Königs ist gemeinsames Eigentum von jedermann
18 Die Fesseln von Königen löst er wirklich, Und er bindet einen Gurt um ihre Hüften.	15,1 Was ist geschehen? … Durch das, was geschah, haben die Asiaten vom Zustand des Landes erfahren
19 Er lässt Priester barfuß wandeln, Und die mit dauerhaftem Sitz stürzt er.	4,3 Fürwahr, die Kinder von Fürsten werden gegen die Mauern geschleudert 6,12 … auf die Straßen hinausgeworfen
20 Erprobten Wortführern entzieht er die Rede und Alten das gefundene Urteil.	6,9 Fürwahr, die Gesetze der Gerichthalle werden verstreut. Die Menschen treten darauf auf den öffentlichen Plätzen
21 Er gießt Verachtung aus über Edle, Und den Gürtel der Starken macht er tatsächlich schlaff.	7,4 Die Residenz ist in einem Augenblick umgestürzt. 10,3-6 Unterägypten weint … der ganze Palast ist ohne Einkünfte. …
22 Er enthüllt tiefe Dinge aus der Finsternis, und er bringt tiefen Schatten ans Licht hervor.	5,12f wollte, dass ein Ende der Menschen käme … oh, dass die Erde aufhören wollte zu lärmen 9,11 … das Land ist nicht hell
23 Er lässt die Nationen groß werden, damit er sie vernichte. Er breitet die Nationen aus, damit er sie hinwegführe.	8,14 Siehe, die Oberen des Landes fliehen 10,2 Menschen fliehen, sie bauen Zelte wie die Bewohner der Berge
24 Er nimmt Häuptern des Volkes des Landes das Herz, Das er sie umherwandern lasse in einer weglosen Öde.	4,2 Fürwahr, Große und Kleine sagen, ich wollte, ich könnte sterben. 3,14 Es geht ein Stöhnen durchs Land, mit Wehklagen
25 Sie tappen in der Finsternis, wo es kein Licht gibt, Das er sie umherwandern lasse, wie einen Betrunkenen.	14,11 Menschen – sie sind an ihrem Ende angelangt. Da findet man keinen der steht und sich selber stützt.

Jesaja 4,2-6

Der Abschnitt 4,2-6 setzt mit *an jenem Tag* den vorigen Absatz fort. 4,2 *Der Spross Jehovas wird Zierde und herrlich sein.* Vergleichbar regiert in 32,1-8 ein König und Fürsten in Gerechtigkeit und Recht. Dann wird *die Frucht der Erde zum Stolz und zum Schmuck* werden. 4,3 Der Überrest wird *als heilig gelten, zum Leben aufgeschrieben.* 4,4 *Der Schmutz der Töchter* wird beseitigt und *das Blutvergießen* aus Jerusalem entfernt (2,1-4). 4,5 Die grundlegenden Merkmale der Anwesenheit Jehovas während Israels Wüstenwanderung sind hier für Jerusalem eingetragen. 4,6 Eine Hütte bietet Schatten vor der Hitze und Schutz vor Sturm und Regen, wie im Gegenüber 32,2 die Fürsten Schutz und Schatten bieten werden.

Jes 4	Jes 32
2 An jenem Tag wird der Spross JHWHs Zierde und herrlich sein, und die Frucht der Erde zum Stolz und zum Schmuck für die Entronnenen Israels.	**1** Siehe, ein König wird regieren in Gerechtigkeit und die Fürsten, sie werden nach Recht regieren.
3 Wer in Zion übrig bleibt und in Jerusalem übriggelassen ist, wird als heilig gelten, alle zum Leben eingeschrieben in Jerusalem:	**3** Und die Augen der Sehenden werden nicht mehr verklebt sein, und die Ohren der Hörenden werden aufmerksam,
	4 und das Herz der Voreiligen wird unterscheiden können und die Zunge der Stammelnden wird glänzend reden.
4 wenn der Herr den Schmutz der Töchter Zions abwäscht und das Blutvergießen Jerusalems aus dessen Mitte wegfegt durch den Geist des Gerichts und durch den Geist der Reinigung.	**5** Der Tor wird nicht mehr edel und der Schurke nicht mehr vornehm genannt.
	6-8 …
5 Und JHWH wird über dem Gebiet des Berges Zion und über seinen Versammlungsort eine Wolke und Rauch bei Tag, und den Glanz von Feuerflammen bei Nacht schaffen, denn über all der Herrlichkeit wird eine Decke sein.	**2** Und ein jeder von ihnen wird sein wie ein Versteck vor dem Wind und ein Schutz vor dem Regensturm, wie Wasserbäche in dürrer Gegend, wie der Schatten eines gewaltigen Felsens im Dürregebiet.
6 Und eine Hütte wird bei Tag Schatten vor der Hitze spenden und Zuflucht und Schutz vor Sturm und Regen bieten.	

4,2 All dies geschah auch bei Israels Eroberung des Landes! Der Jubiläen-Abschnitt sowie die Wolke bei Tag und das Feuer bei Nacht 4,5 kennzeichnen den Übergang von Wüstenwanderung und Einzug.

#Hintergründe# Die Zeitepoche der Richterzeit lässt sich konventionell kaum in eine sichere Zeitrechnung zurückführen. Die Schutzzusage in 4,2-6 begann im Jahr vor dem Einzug und ragt 48 Mondjahre = 46 ½ Sonnenjahre in die Zeit der Eroberung und Sesshaftwerdung hinein. Erst danach kommt die Bedrückung aus Syrien infrage:

Syrien/Kuschan	8		Ri 3,7-11	10/1338
Othniel		40		
Moab/Eglon	18		Ri 3,12-31	04/1291
Ehud/Schamga		80		10/1243
Kanaan/Sisera	20		Ri 4,1-5,31	03/1196
Debora/Barak		40		
Midian	7		Ri 6,1-8,35	09/1148
Gideon		40		
Abimelech		3	Ri 9,1-57	02/1101
Tola		23	Ri 10,1.2	
Jair		22	Ri 10,3-5	
Ammon	18		Ri 10,6-12,7	08/1053
Summe	71	248	319. J. inkl. den 18 J.	

Der Blick fällt auf die Vierzig, aber die Zeitangaben lassen tatsächlich eine Struktur in Jubiläen erkennen. Das ist auch wichtig, wie Lev 26 deutlich macht (siehe unten). Vergleichbar mit den Wehe Rufen ab dem Tempelbau werden auch hier im Jubiläum nach dem Einzug und dem angelegten Weingarten fünf Jubiläen gegen Israel wirksam! Das Verhältnis der Jahre zwischen Bedrückung und Ruhe zeigt eine Tendenz der Steigerung: (1+)8/18/20+7, dem 40/80/~120 (=40+40+3+23+22) Ruhezeiten gegenüberstehen. Doch wären 9/18/27 als Steigerung innerhalb von jeweils einem Jubiläum zu erwarten, d. h. die Ruhephasen würden sich verkürzen, bleiben aber stabil. Denkbar wären die 9/18/27 auf jeweils 40 Ruhejahren plus 1 Ruhejubiläum. Die Summe aller Jahre vor Ammons Bedrückung sind mit den 300 Jahren in Ri 11,26 nahezu stimmig. Dieser Blick auf die Jahre zieht die Bedrückung Syriens in die Zeit des Einzugs, was eigentlich nicht in Frage kommen kann. Die gezählten Jahre stehen fest, während die Inhalte der Addition den Bedrückungszeiten feste Ruhezeiten geben. Gesteht man der Bedrückung durch Ammon auch eine Ruhezeit zu 18/40 und akzeptiert ein volles Ruhejubiläum 3/23/22, dann bleiben 40 Jahre über. Die 80 Jahre Ruhe stehen somit in Verdacht, aufgestockt worden zu sein, wobei die doppelte 40 im Ruhezeitgefüge doch harmonisch wirkt, als sei das von Anfang an so gewollt. In den 18/80 können zwei Jubiläen deutlich erkannt werden, wobei der Plural eine übergreifende Wirkung entfaltet. Die beobachtete Tendenz der Steigerung ist gewollt und erhöht mit der Züchtigung auch die Ruhezeiträume, d. h. ein vorzeitiges Ausscheiden nach 5 Jubiläen wird nicht zugelassen! Deshalb wird Vorgeschlagen, 40 Ruhejahre vor der Bedrückung durch Kuschan zu lesen: 40/8+40/18+40/27+40/18 und ein weiteres Ruhejubiläum 3/23/22 ab König Abimelech zu akzeptieren. Das zu lösende Rätsel besteht im Anteil der Jahre: 40/8 zeigt 20 % Verlust von der Ruhe 1/5, 40/18 zeigt 40 % und 40/27 zeigt 60 % Verlust der Ruhe (eines Jubiläums) an! Nach 5 Jubiläen würde das Aus drohen, doch unterbricht ein volles Jubiläum 3/23/22 Mitten in den 40/18, dessen Tendenz mit 40 % wieder rückläufig wahrgenommen werden kann. An dieser Stelle, nämlich nach dem Sieg über Ammon, kommt es zum Bruderkrieg, bei dem 42000 von Ephraim ihr Leben lassen (Ri 12,1-6). Jephta aus Gilead richtete noch 6 Jahre, danach Ibzan aus Betlehem für 7 Jahre (Ri 12,7-10), Elon von Sebulon für 10 Jahre (Ri 12,11-12) und Abdon aus Pirathon für 8 Jahre (Ri 12,13-

15). Dann folgen 40 Jahre Bedrückung und die Simsongeschichte mit 20 Jahren (Ri 13,1-16,31). In dieser Fortsetzung stehen 6/7/10/8 Richterjahre 40 Jahre Bedrückung durch die Philister gegenüber. Das Verhältnis kippt mit vollständig eingenommenen Ruhejahren 40! Dem steht Simson als Einzelkämpfer mit 20 Jahre entgegen.

Es gilt deshalb hinter dem Jubiläum der Eroberung des Landes fünf weitere Jubiläen (Lev 26) in Ansatz zu bringen und auf historische 300 Jahre in Ri 11,26 aufzuschließen. Nach 31/51/71 Jahren enden die Zeiten im Richterbuch. Was die Angaben in 1Kö 6,1 betrifft, so ist eine Rückrechnung von 480[MT], 440[LXX] oder 592[Jos] Jahren nicht anzuraten, da Vergleiche zwischen den Sonnen- und den Mondjahren eine Aufstockung um 100/200 Jahren nahelegt, wie sie auch in den Varianten der Genealogie beobachtet werden können. So konnten 380 Jahre zu einer idealen Zeit 12x40 aufsteigen. Im 380. Sonnenjahr, das sind 392 Mondjahre seit dem Auszug aus Ägypten, soll im 4. Jahr Salomo der Tempelbau begonnen haben. Es legt sich nahe, zu einem 301. Jahr seit dem Einzug 31 Jahre Richter, 20 Jahre Saul und 40 Jahre David und Salomo in seinem 4. Jahr der Mitregentschaft anzunehmen. Mit der Aufstockung war natürlich noch genug Raum für 40 Jahre Wüstenwanderung und 40 Jahre Saul und auch Salomo erreicht ideale 40 Jahre ohne David (d. h. 40/40/40), wobei die letzten 40 in der LXX mit 440 Jahren zur Vervollständigung noch offengehalten wurden. Sind 40 Jahre Wüstenwanderung und Sauls Dopplung außen vor, bestätigen sich die 380!

Es besteht ferner die Möglichkeit, die 300 Jahre Israel in Ri 11,26 als sechs gerundete Jubiläen zu lesen. Dafür sprächen 6 Jahre Jephta als Richter (blau). In diesem Fall üben die Mondjubiläen einen geradezu massiven Einfluss auf die Richterzeit aus. Der Einfluss der Philister als Umkehr der Ruhephase 40 zeigt eine Verschärfung der Lage. Der Verlust der Bundeslade, der im Richterbuch nicht genannt wird, fällt in diese Zeit. Die 7/10/8 Jahre, ein halbes Jubiläum, wirken etwa so lang wie Simsons 40/20.

Die Generation des Einzugs und die Richterzeit mit der Auflösung in Mondjubiläen

Generation						
Generation		(40)	Ri 2,10	49		10/1338
Syrien/Kuschan	8		Ri 3,7-11	49	20 %	04/1291
Othniel		40				
Moab/Eglon	18		Ri 3,12-31	49	40 %	10/1243
Ehud/Schamga		(4)0				
Kanaan/Sisera	20		Ri 4,1-5,31			03/1196
Debora/Barak		40		49		
Midian	7		Ri 6,1-8,35		60 %	
Gideon		40		49	40 %	09/1148
Abimelech		3	Ri 9,1-57			
Tola		23	Ri 10,1.2	49		02/1101
Jair		22	Ri 10,3-5			
Ammon	18		Ri 10,6-12,7			08/1053
Jephta		6			06/1047	
Izban		7	Ri 12,7-10			
Elon		10	Ri 12,11-12	49		
Abdon		8	Ri 12,13-15			
Philister	40		Ri 13,1		50 %	01/1006
Saul		20	JosAnt 10/143			
David		7+33	2Sam 5,4	49		
Salomo		4.	1Kö 11,42		04/959	07/958

Jesaja 5,1-7

Der vierzehnte Abschnitt 5,1-7 beginnt am Zeilenanfang und schließt in einem freien Zeilenende.

Im Abschnitt 5,1-7 beschreibt Jesaja das Engagement eines Freundes für einen Weinberg in Form eines Liedes, was seine Parallele in 27,2-6 hat. Nur wird hier, anders wie *an jenem Tag* ein enttäuschender Ausgang geschildert, was zum Niedergang des Weinbergs führt. In 5,7 werden der Freund als JHWH und der Weinberg als das Haus Israel und Juda als seine Pflanzung offenbart, deren Früchte jedoch so verdarben, dass Schutz und Fürsorge entzogen werden mussten.

Jes 5	Jes 27
1 Ich will singen von meinem Freund, ein Lied meines Lieben von seinem Weinberg: Mein Freund hatte einen Weinberg auf einem fetten Horn.	2 An jenem Tage wird man singen: Ein prächtiger Weinberg! Besingt ihn!
2 Er grub ihn um und entsteinen ihn und bepflanzte ihn mit Edelreben. Er baute einen Turm darin und hieb auch eine Kelter darin aus. Er erwartete, dass er Trauben brächte, aber er brachte faulende Beeren.	3 Ich, JHWH, behüte ihn, bewässere ihn jeden Augenblick. Damit ihn niemand heimsucht, behüte ich ihn Nacht und Tag.
3 Nun denn, Bewohner von Jerusalem und Männer von Juda, richtet zwischen mir und meinem Weinberg!	
4 Was war an meinem Weinberg zu tun, das ich nicht an ihm getan hätte? Warum erwartete ich, dass er Trauben brächte, und er brachte nur faulende Beeren?	
5 Nun will ich euch wissen lassen, was ich meinem Weinberg tun will: seinen Zaun wegnehmen, dass er abgeweidet werde, seine Mauer einreißen, dass er zertreten werde.	
6 Ich werde ihn zu Grunde richten. Er soll nicht beschnitten noch behackt werden, und Dornen und Disteln sollen in ihm aufschießen, und den Wolken gebiete ich, keinen Regen auf ihn fallen zulassen.	4 Zorn hege ich nicht. Fände ich Dornen und Disteln, würde ich kämpfend auf sie losgehen, sie alle zusammen verbrennen.
7 Denn der Weinberg JHWHs der Heerscharen ist das Haus Israel, und die Männer von Juda sind seine Lieblingspflanzung. Er wartete auf Recht und siehe da, Blutvergießen auf Gerechtigkeit und siehe da, Wehgeschrei.	5 Oder man ergreift meinen Schutz, Frieden mit mir, Frieden mit mir. 6 In Zukunft wird Jakob Wurzel schlagen, Israel blühen und sprossen, und der ganze Erdkreis füllt sich mit Früchten.

Vergleiche: 5,1 *Ich will singen* – 27,2 *an jenem Tag wird man singen ... besingt ihn.* 5,2 *Er baute einen Turm* – 1,8 *Und die Tochter Zion ist übriggeblieben wie eine Hütte im Weinberg.* 5,6 *Dornen und Disteln sollen in ihm aufschießen* – 9,17 *seine Dornen und Disteln*; 27,4 *fände ich Dornen und Disteln.* 5,6 *keinen Regen auf ihn fallen lassen* – 27,3 *ich bewässerte ihn jeden Augenblick.*

5,1 Das Lied handelt von einem Freund und seinem Weingarten, den er auf einem *fetten Horn* anlegte. Diese ungewöhnliche Formulierung spielt auf die Herrschaft Abrahams, Isaaks und Jakobs an, die als Hirtenkönige der Dynastie von Isne mit ihren Herden in Palästina weilten (siehe unten, Weld-Blundell). Die Genesis lässt durch die Namen und die Reichsrettung (Gen 14) Herrschaft durchblicken. Die Söhne Heths sprachen Abraham als „*König von* Gott *her* bei uns" an, als er seine verstorbene Frau Sara beerdigen wollte (Gen[LXX-D] 23,5).

WB	Herrscher (S=Sohn)	Jahre	Xia (China)	Genesis
6,31-36	Scharrukin	56	Shun[C]	Sem[B]
6,37.38	Rimusch (S)	9	Xia-Yu[C]	Japhet[B]
6,39-42	Manischteschu (Bruder)	15	Qi[C]	Madai[B]
6,43-45	Naramsuen (S)	*37*	Tai-Kang[C]	Kainan[LXX]
6,46.47	Scharkalischarri (S)	25	Zhong-Kang[C]	Schelach[B]
7,2-7*	Irgigi, Nanum, Imi, Ilulu	3	---	[Eber[B]]
7,8	Dudu	21	Xiang[C]	
7,9.10	Schudurul (S)	15	Shao-Kang[C]	
7,11.12	*11 Könige*	*181*	*Akkade*	

Wer war es, der König, wer war es, der Nichtkönig? – WB 7,1 (Römer)

8,9.10	Urnammu	18	Zhu[C]	
8,11.12	Schulgi (S)	48	Huai[C]	
8,13.14	Amarsuena (S)	9	Mang[C]	
8,15.16	Schusuen	9	Hsue[C]	Serug[B]
8,17.18	Ibbisuen	24	Bu Jiang[C]	Haran[B]
8,19	*5 Könige*	*108*	*Ur*	

8,23.24	Ischbi`erra	33	Joing[C]	Terach[B]
8,25.26	Schu`illischu (S)	10	Jin[C]	Elieser[B]
8,27.28	Iddindagan (S)	21	Kong-Jia[C]	Abram[B]
8,29.30	Ischmedagan (S)	20	Gao[C]	Ismael[B]
8,31.32	Lipiteschtar (S)	11	Fa[C]	Isaak[B]
8,33	Urninurta (---)	28	[Xia-Jie[C]]	[Jakob[B]]

5,2 Auf diesen Herrschaftszweig, einem fetten Horn, errichtete Gott seinen Weingarten! Diesem fetten Horn und seinen Nachkommen hat Gott das Land Kanaan versprochen. *Und er grub ihn um, säuberte ihn von Steinen und bepflanzte ihn mit Edelreben*, als Gott Israel das Land gab. Doch blieben die guten Früchte aus. **5,3** Die Zuhörer/Leser werden deshalb aufgefordert diese Situation zu bewerten. **5,4** Durch Fragen macht der Kläger deutlich, dass er seine Arbeit ausgeführt hatte und zurecht gute Früchte hätte erwarten können. Es folgt eine Strafansage: **5,5-6** Der Schutz des Weinbergs wird weggenommen und er wird zugrunde gerichtet. Die Pflege und die Bewässerung werden eingestellt (Am 4,6-11). **5,7** Die Rollenverteilung tritt aus dem Bildvergleich hinaus und Erwartungen werden klar ausgedrückt: *Er wartete auf Recht, und siehe da: Blutvergießen, auf Gerechtigkeit, und siehe da: Wehgeschrei.* Israel zog ein Wehe 1,4 auf sich, weil Rechtsprechung versagte 1,21-23 (Am 6,3).

Sieht man von 1,4; 3,9b.11 ab, beginnt im Anschluss eine Reihe von eigenen Absätzen mit Wehe Rufen, deren Bedeutungen aufzuklären sind. *Hans Wildberger* hat die Wehe 5,8.11.18.21.22.20 leicht umgestellt und den Wehe Abschnitt 10,1-4 angeschlossen.[20] Beim letzten Wehe befindet sich die Strafandrohung im Vollzug, was eine Chronologie vermuten lässt! Ein Muster dafür ist in Am 4,6-11 mit dem Hintergrund von Lev 26 für Jakob/Israel angelegt. Amos nennt Voraussagen aus Lev 26, deren Ursprung neu angesprochen werden (Lev 26,46). Die dort aufgeführten Strafen sind in fünf Stufen abgefasst (Lev 26,14f; 18f; 21f; 23f; 27f) und jede Fortsetzung weist auf die Sieben hin. Siebenmal werden sie geschlagen, doch woran orientiert sich dieses Siebenfache? Eine Größe wird nicht genannt, doch lässt die Auslassung in Lev 26,14-17 Rückschlüsse auf ein Selbstverständnis zu, die Woche. Nachfolgende Sabbate (Lev 26,34.35.43) zeigen Wochen an, die in einer Steigerung aufgestellt sind; Jahrwochen, die sich siebenfach zu Jubiläen aufstellen (7x7=49). Vom Tempelbau an (Lev 26,11; 1Kö 8,33-40) war nach fünf Jubiläen (5x49= 245) für Israel das Maß voll und das Land musste seine Sabbate zahlen (Lev 26,34.35).[21] Deshalb ist die Frage berechtigt, ob auch in den Wehe Rufen, die dem Weingartenlied angeschlossenen sind 5,8.11.18.20.21.22 (10,1), ein Zeitkonzept zu erblicken ist?

---

[20] BKAT X 1 Hans Wildberger: *Jesaja 1-12*; 2. Aufl. 1980, Seite 175f
[21] Harald Schneider: *Das Zwölf-Propheten-Buch*; 2023, Seite 101f

Jesaja 5,8-10

Der fünfzehnte Abschnitt 5,8-10 beginnt im eingerückten Zeilenanfang und schließt in einem freien Zeilenende.

Der Abschnitt 5,8-10 setzt mit einem Wehe Ruf ein, dem ersten von sechs Wehe Rufen infolge. Die griechische Septuaginta übersetzt 8b „damit *sie dem Nächsten etwas wegnehmen! Wollt* ihr *etwa* alleine auf dem Land leben?" – Jes 5,8b[LXX-D]. 5,9 Wegen diesem Unrecht sagte JHWH, *die vielen Häuser würden verheert, die großen und schönen ohne Bewohner!* 5,10 Über das Land sprach er als von *zehn Juchart Weingarten*, der nur *ein Bath bringen wird, und ein Homer Samen* nur *ein Epha bringen wird.*

Jes 5
8 Wehe denen, die Haus an Haus reihen, Feld an Feld rücken, bis gar kein Raum mehr ist, und ihr allein sesshaft seid inmitten des Landes!
9 In meine Ohren hat JHWH der Heerscharen gesprochen: Wenn nicht die vielen Häuser zur Wüste werden, die großen und schönen ohne Bewohner.
10 Denn zehn Juchart Weinberge werden ein Bath bringen, und ein Homer Samen wird ein Epha bringen.

---

§ Im ersten Jubiläum ab dem Tempelbau fielen zehn Stämme Israels von Salomos Thronfolger Rehabeam ab, *zehn Juchart Weingarten.* Ein Juchart ist die Größenbezeichnung für ein Feld mit „der Menge an Boden, die ein Joch Ochsen an einem Tag umpflügen kann."[22] Deren Ausbeute schrumpfte auf nur *ein Bath.* Ein Bath als Flüssigmaß und ein Epha als Trockenmaß war ein Einheitsmaß und der 10. Teil eines Homer. *Ein Homer Samen wird* nur *ein Epha bringen* (1Kö 12,4.15f). Dieses Bild hebt demnach nicht, wie viele annehmen, auf das völlige Versagen der Ernte ab, sondern auf den Verlust eines Großteils des Landes an Jerobeam. Der Wohlstand Judas hatte das Wohl der Stämme geschmälert, die deshalb vom Thron Davids abfielen. Von den Städten Judas wurden *viele Häuser verheert, große und schöne*, als *Schischak von Ägypten gegen Jerusalem heraufkam* und *die Schätze des Hauses JHWHs und die Schätze des Königs ... und die goldenen Schilde, die Salomo gemacht hatte* mitnahm (1Kö 14,25f; ANET 243f). *Große und schöne Häuser ohne Bewohner* wäre auf den Tempel Salomos zu beziehen, denn eine Erscheinung Gottes im Tempel fand nur zur Einweihung statt (1Kö 8,10-13). Mit der unabhängigen Herrschaft Judas, *dem wohnen*, war damit Schluss.

---

[22] ZBK AT 19.1 Konrad Schmid: *Jesaja 1-23*; 2011, Seite 84

Die Wehe-Rufe und Kehrreime im Buch Jesaja als JubiläenChronologie in Mondzeiten

| 1. Wehe
5,8-10 | 2. Wehe
5,11-17 | 3. Wehe
3,11-12 | 4. Wehe
3,6-9 | 5. Wehe
5,18-19 |

Vom Bau des Tempels in Jerusalem bis zum Untergang Israels

| 6. Wehe
1,1-9 | 7. Wehe
5,20 | 8. Wehe
5,21 | 9. Wehe
5,22-23 | 10. W. & 1. K
10,1-4 |

Vom Untergang Israels bis zu Kyros Tod

| 2. Kehrreim
9,8-13 | 3. Kehrreim
9,14-17 | 4. Kehrreim
9,18-21 | 5. Kehrreim
5,24-30 | Wehe Assur
10,5-11 |

Von Tod des Kyrus 11 Jubiläen in Mondzeiten bis zu Jesu Geburt

| Assur 2
10,12-19 | Assur 3
10,20-23 | Assur 4
10,24-32 | Assur 5
10,33-34 | Geburt
11,1-9 |

Von Tod des Kyros 11 Mondzeit-Jubiläen bis zu Jesu Geburt

Nach der ersten Generation kamen Einflüsse aus Syrien, die sich im Bild des Niederreisens der Schutzhecke ausdrücken (5,5f). 1 W Das erste Wehe folgt für *den Sesshaften im Land*. Ihr verdrängender Einfluss soll sich ins Gegenteil umkehren durch Moab. Die Abschnitte 5,11-19 und 5,21-23 habe jeweils zwei Wehe Rufe, 5,20 ein Wehe.

Die Richterzeit mit der Auflösung in Mondjubiläen und die zugehörigen Jes-Abschnitte

Generation		(40)	Ri 2,10	49		10/1338	4,2-6
Syrien/Kuschan	8		Ri 3,7-11	49	20 %	04/1291	
Othniel		40					5,1-7
Moab/Eglon	18	1 W	Ri 3,12-31	49	40 %	10/1243	
Ehud/Schamga		(4)0					5,8-10
Kanaan/Sisera	20	2 W	Ri4,1-5,31			03/1196	
Debora/Barak		40		49			5,11-19
Midian	7	3 W	Ri 6,1-8,35		60 %		
Gideon		40		49	40 %	09/1148	
Abimelech	4 W	3	Ri 9,1-57				5,20
Tola		23	Ri 10,1.2	49		02/1101	
Jair		22	Ri 10,3-5				
Ammon	18	5 W	Ri 10,6			08/1053	
Jephta	6 W	6	-12,7		6/1047		5,21-23

Jesaja 5,11-19

Der Abschnitt 5,11-19 setzt mit dem zweiten Wehe Ruf ein und lässt den dritten Wehe Ruf in 5,18 folgen. 5,11 *Morgens früh starkem Getränk nachzulaufen* lässt heute an schwere Alkoholiker denken, ebenso das *bis spät am Abend bleiben*, doch war der Wein für diesen Rausch verantwortlich? Nein! 5,12 Es wird gefeiert, aber *auf das Tun JHWHs schauen sie nicht und sein Werk erkennen sie nicht.*

§ Diese Gegenüberstellung lässt auf Israel zurzeit König Jerobeams blicken. Der Kälberkult war *morgens früh das starke Getränk*, dem Israel sofort *nachgelaufen ist*, und der sich bis *spät abends* gehalten hat. 5,13 *Darum wird mein Volk weggeführt aus Mangel an Erkenntnis.* Weil *die Edlen durch Hunger ausgezerrt und seine Menge vor Durst lechzt* 5,14 werden sie zum Futter *für den Scheol.* 5,15-16 wurden eingefügt und sind den Worten in 2,9.17 ähnlich. 5,17 Wo sie lebten würde ein Weideplatz für Schafe von wo anders entstehen und sie würden sich der Trümmerstätten der Fettschafe bedienen. Assyrien belagerte Samaria und deportierte Israel ins Exil, aus dem es keine Wiederkehr gab, *dem Scheol.* Andere Völker wurden dort angesiedelt, *als wäre es ihr Gebiet* (2Kö 17,5f.18.27f).

Jes 5
11 Wehe denen, die früh morgens früh dem Rauschgetränk nachlaufen, die bis spät am Abend bleiben, der Wein erhitzt sie.
12 Und Laute und Harfe, Tamburin und Flöte und Wein sind bei ihrem Gelage, aber auf JHWHs Werk schauen sie nicht, und das Tun seiner Hände sehen sie nicht.
13 Darum geht mein Volk in die Verbannung, aus Mangel an Einsicht, und seine Vornehmen sind ausgezehrt durch Hunger und seine Massen lechzten vor Durst.
14 Darum sperrt der Scheol seinen Schlund weit auf, reißt seinen Rachen maßlos auf. Hinabfährt ihre Pracht und ihr Getümmel, ihr Getöse und wer darin frohlockt.
15 [Und der Mensch wird gebeugt und der Mann erniedrigt, und die Augen der Stolzen senken den Blick.
16 Und JHWH der Heerscharen wird im Gericht erhaben sein, und Gott, der Heilige, sich heiligen in Gerechtigkeit.]
17 Und Schafe werden dort weiden wie auf ihrer Weide, und Fremde verzerren die verwüsteten Stätten der Fettschafe.
18 Wehe denen, die die Schuld anziehen mit Stricken des Truges, und die Sünde wie mit Wagenseilen,
19 die sagen: Beeilung, sein Werk komme schnell, damit wir es sehen, möge der Rat des Heiligen Israels sich nahen und kommen, damit wir ihn erkennen.

5,18 Das dritte Wehe ist noch Teil des Abschnitts und beschreibt ein mit 5,11.12 verbundener Umstand, der zum Untergang Jakob/Israel führte. *Die Ungerechtigkeit herziehen mit Stricken der Falschheit, und die Sünde wie mit Wagenseilen* beschreibt eine schnelle Herbeiführung vom Unglück. Unrecht und Sünde waren eine Provokation gegen JHWH, den Untergang so früh wie möglich herbeizuführen: 5,19 *Die da sprechen: Er eile, er beschleunige sein Werk, damit wir es sehen und der Ratschluss des Heiligen Israels möge herannahen und kommen, damit wir ihn erfahren!* Dem Gebot der Eile wurde mit fünf Jubiläen für die fünf Warnungen (Lev 26,14f; 18f; 21f; 23f; 27f) vom Tempelbau (Lev 26,11) bis zum Untergang nachgekommen!

5,11-19 war als Anhang zum Weingartenlied 5,1-7 eine Warnung an das verbliebene Juda, sich nicht eilig ins Unglück zu ziehen. Die zwei Wehe in 5,11-19 umschreiben vier Jubiläen Jakob/Israel, die auf das erste Jubiläum, das mit dem Tempel begann und mit der Reichsteilung und dem Verlust der Unabhängigkeit endete 5,8-10, folgten. Damit sind die fünf Jubiläen für Israel *die Erfahrung seines Werkes*, abgelaufen. Doch wie steht es mit Juda?

Im Abschnitt 5,11-19 stehen zwei Wehe Rufe für zwei Bedrücker Israels, 2 W Kanaan und 3 W Midian zurzeit der Richter in Israel. Eine Betrachtung der chronologischen Struktur der Zeit der Richter führte zu der Überzeugung, dass 20 Jahre und 7 Jahre Bedrückung als dreifünftel eines Jubiläums zu lesen sind (siehe 4,2-6 #Hintergründe#). Zwei Wehe im hebräischen Jesaja-Abschnitt bestätigen diese Einschätzung (siehe 5,8-10 #Übersicht#).

46

Jesaja 5,20

Der siebzehnte Abschnitt 5,20 beginnt im eingerückten Zeilenanfang und schließt in einem freien Zeilenende.

Der Abschnitt 5,20 setzt mit einem Wehe Ruf ein, dem vierten Wehe infolge. Dieses Wehe fällt nach der Rekonstruktion der Reihenfolge aller Wehe Rufe in die Zeit Judas hinter dem Untergang Jakobs/Israels. Sanherib, der die Belagerung Jerusalems abbrechen musste, wurde von seinen Söhnen getötet (Jes 36,1f; 37,7). Nach König Hiskia regierte sein Sohn Manasse lange Zeit über Juda.

> **Jes 5**
> **20** Wehe denen, die das Böse gut, und das Gute böse nennen, die Finsternis zu Licht erklären, und Licht zu Finsternis, die Bitteres zu Süßem machen, und Süßes zu Bitterem!

§ Unter Manasse wurde Juda zu einem engen Verbündeten Assyriens. Damit wurde *Böses gutgeheißen und das Gute böse.* Er machte *Finsternis zu Licht, Licht zu Finsternis* indem er zu Beginn des **7. Jubiläums** seit dem Tempelbau bei Assyriens Eroberung Ägyptens bis hin zum mächtigen Theben mitwirkte (Nah 3,8-10; vgl. Sach 10,11). Er wechselte seine Abhängigkeit, *das Licht*, zu Asarhaddon und machte so *Bitteres zu Süßem und Süßes zu Bitterem.*

Der Abschnitt 5,20 beschreibt eine verdrehte moralische Anschauung, wie sie in der Richterzeit zwischen Abimelech und den Grundbesitzern von Sichem zum Ausdruck kam. Abimelech bekam Geld und tötete seine Brüder um über Israel zu herrschen (Ri 9,1-6). Wie im Wort Jothams (Ri 9,20) wurde diese Vereinbarung gebrochen, was einem Krieg nach sich zog, bei dem letztendlich auch Abimelech umkam (Ri 9,23f.56.57). Zur chronologischen Anordnung der Wehe in 5,20, siehe 5,8-10 #Übersicht 4 W.

Jesaja 5,21-23

Der Abschnitt 5,21-23 setzt mit dem fünften Wehe Ruf ein und lässt einen sechsten Wehe Ruf in 5,22 folgen. 5,21 Das erste Wehe richtet sich gegen eine Gruppe mit einer fehlerhaften Selbstwahrnehmung.

Jes 5
21 Wehe denen, die in ihren Augen weise und bei sich selbst verständig sind!
22 Wehe denen, die Helden sind um Wein zu trinken, und den starken Männern, um Rauschgetränk zu mischen,
23 die den Gesetzlosen wegen eines Geschenks gerecht sprechen, und das Recht der Gerechten ihnen entziehen!

---

§ Die Propheten sehen die Visionen ihres eigenen Herzens. 5,22 Das zweite Wehe gilt den *Starken, um dem Wein* Nebukadnezars *zu trinken*, d. h. im Exil das Gericht Gottes zu schmecken. In 5,23 *entziehen* Kyros c/o Kambyses *der Gerechten Recht* auf eine Heimkehr, während Ahasverus Haman *wegen eines Geschenks gerecht spricht.*

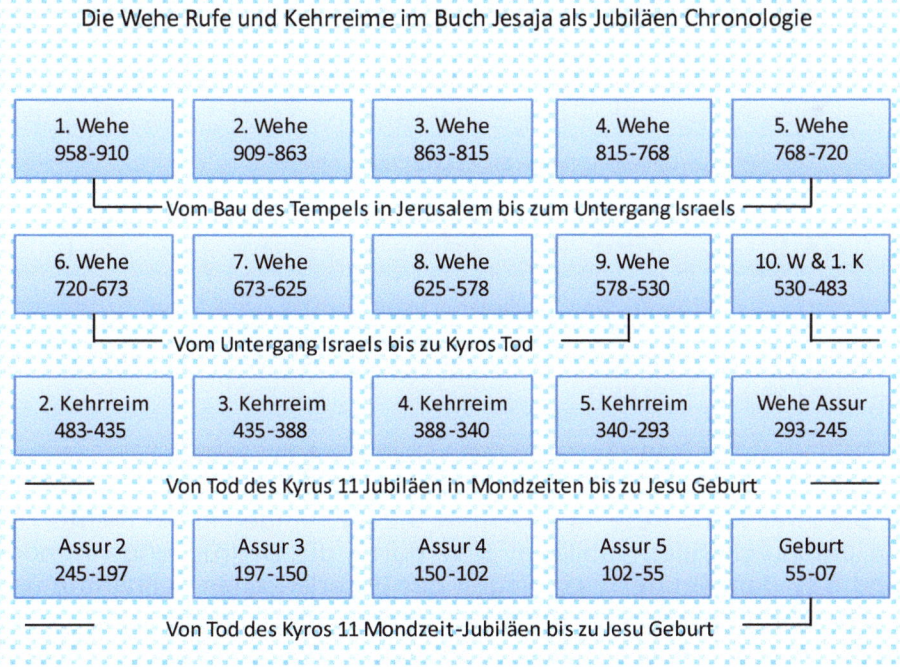

Die Wehe Rufe und Kehrreime im Buch Jesaja als Jubiläen Chronologie

1. Wehe 958-910	2. Wehe 909-863	3. Wehe 863-815	4. Wehe 815-768	5. Wehe 768-720

Vom Bau des Tempels in Jerusalem bis zum Untergang Israels

6. Wehe 720-673	7. Wehe 673-625	8. Wehe 625-578	9. Wehe 578-530	10. W & 1. K 530-483

Vom Untergang Israels bis zu Kyros Tod

2. Kehrreim 483-435	3. Kehrreim 435-388	4. Kehrreim 388-340	5. Kehrreim 340-293	Wehe Assur 293-245

Von Tod des Kyrus 11 Jubiläen in Mondzeiten bis zu Jesu Geburt

Assur 2 245-197	Assur 3 197-150	Assur 4 150-102	Assur 5 102-55	Geburt 55-07

Von Tod des Kyros 11 Mondzeit-Jubiläen bis zu Jesu Geburt

Das Buch Jesaja [Kapitel 1-12] – Harald Schneider

Die Fortsetzung der Wehe Rufe in 10,1-4 münden im Kehrreim, dem wiederum Kehrreime angeschlossen sind, die im Abschnitt 5,24-30 enden. Für ein Geschichtsverständnis der Wehe Rufe und Kehrreime ist es deshalb angeraten, den hier angegebenen Abschnitten zu folgen. Für ein Verständnis der Rückkehrsituation Judas empfiehlt sich Abschnitt 10,1-4 und die dazu angegebenen Anhänge vorzuziehen.

Hinter der Geburt am Ende des 20. Jubiläums im Abschnitt 11,1-9 lassen sich der Abschnitte 11,10 und 11,11-12,6 als 21. Jubiläum und 22. Jubiläum anschließen, wo ein Signal für die Völker erscheint und der zweiter Loskauf eines Restes von Assur erwirkt wird. In 18 der 42 Abschnitte in Jes 1-12 bilden 22 Jubiläen die Mondzeiten vom Tempelbau bis zum Jesu Geburt ab und die 24 übrigen Abschnitte könnten eine Bedeutung für die Priesterdienste zukommen.

Die Wehe-Rufe und Kehrreime im Buch Jesaja als Jubiläen-Chronologie in Mondzeiten

1. Wehe 5,8-10	2. Wehe 5,11-17	3. Wehe 3,11-12	4. Wehe 3,6-9	5. Wehe 5,18-19

Vom Bau des Tempels in Jerusalem bis zum Untergang Israels

6. Wehe 1,1-9	7. Wehe 5,20	8. Wehe 5,21	9. Wehe 5,22-23	10. W. & 1. K 10,1-4

Vom Untergang Israels bis zu Kyros Tod

2. Kehrreim 9,8-13	3. Kehrreim 9,14-17	4. Kehrreim 9,18-21	5. Kehrreim 5,24-30	Wehe Assur 10,5-11

Von Tod des Kyrus 11 Jubiläen in Mondzeiten bis zu Jesu Geburt

Assur 2 10,12-19	Assur 3 10,20-23	Assur 4 10,24-32	Assur 5 10,33-34	Geburt 11,1-9

Von Tod des Kyros 11 Mondzeit-Jubiläen bis zu Jesu Geburt

Die zwei Wehe Rufe im Abschnitt 5,21-23 finden in der Richterzeit im entsprechenden Jubiläum 5 W durch die Bedrückung Ammons und 6 W dem Bruderkrieg wegen der unterlassenen Teilnahme und Teilhabe Ephraims ihren Ausdruck (siehe 5,8-10 #Übersicht).

Jesaja 5,24-30

Der neunzehnte Abschnitt 5,24-30 beginnt im eingerückten Zeilenanfang und schließt in einem freien Zeilenende.

Der Abschnitt 5,24-30 ist den Wehe Rufen im Absatz 5,21-23 ange-schlossen und nennt weitere Bilder vom Gericht. 5,24 Sie werden wie *Stoppeln im Feuer*, wie *dürres Gras, das im Feuer zusammen-sinkt*, deren *Wurzeln wie Moder werden* und *Blüte wie Staub* werden. *Denn sie haben das Gesetz JHWHs der Heerscharen verworfen.* 5,25 Gott erhebt gegen sein Volk die Hand und lässt sie ausgestreckt zum Schlagen (9,12.17.20; 10,4). Viele kommen um und der Rest muss ins Exil nach Babylon, 5,26 wenn er fernen Nationen das Signal gibt, schnell zu kommen, wie das bei Babylon der Fall war. 5,27.28 Hoch motiviert und ohne Pannen rücken die gerüsteten Angreifer gegen sein Volk vor. 5,29 Brüllenden *Löwen gleich packen sie die Beute und bringen sie sicher unter.* 5,30 gilt als später hinzugekommen.

Jes 5

24 Darum, so wie Feuerzungen die Stoppeln verzehrt und dürres Gras in der Flamme zusammensinkt, so wird ihre Wurzel wie Moder werden, und ihre Blüte auffliegen wie Staub, denn sie haben das Gesetz JHWHs der Heerscharen verwor-fen und das Wort des Heiligen Israels verschmäht.

25 Darum ist der Zorn JHWHs gegen sein Volk entbrannt und er hat seine Hand ausgestreckt und es geschlagen, und es erbebten die Berge und ihre Leichname wurden wie Kehricht inmitten der Straßen. Dabei wendet sich sein Zorn nicht ab, seine Hand ist ausgestreckt.

26 Und er wird ein Signal erheben für die ferne Nation, und sie wird er herbeipfei-fen von den Enden der Erde. Und siehe, schnell, rasch wird sie kommen.

27 Bei ihr ist kein Müder und kein Fallender, [keiner schlummert noch schläft] auch kein gelöster Gürtel ihrer Lenden, noch zerreißt der Riemen ihrer Schuhe.

28 Ihre Pfeile sind geschärft, und alle ihre Bogen gespannt. Die Hufe ihrer Pferde gleichen Kieseln und ihre Räder dem Wirbelwind.

29 Ihr Gebrüll ist wie das eines Löwen, er brüllt wie die jungen Löwen und er knurrt und packt die Beute und bringt sie in Sicherheit, und kein Retter ist da.

30 [An jenem Tag knurrt er darüber wie das Meer rauscht. Man blickt zur Erde, und siehe, Finsternis, Bedrängnis und das Licht ist verfinstert durch ihr Gewölk.]

---

§ Der Abschnitt 5,24-30 bildet die Eroberung Alexander des Großen ab, der *ihre Wurzel wie Moder* erscheinen ließ. *Ihre*, d. h. der Perser, *Blüte würde auffliegen wie Staub.* Damit ist die Ineffizienz der per-sischen Armee und die rasche Auflösung des Königreiches gut ab-gebildet. 5,25 Der Schlag geht auch gegen sein Volk, wenn die Berge erbeben weil ein Machtwechsel ansteht und viele in Heeren ihr Leben lassen. 5,26 Das Signal an die fernen Nationen, schnell hinzueilen, ist bei Josephus erhalten (JosAnt 11/8,334-337). Alexander erkennt die Priester JHWHs aus seinem Traum, in dem er gerufen und ihm der Sieg versprochen wurde. Er kam *eilig, schnell,* 5,27 hoch motiviert und gut gerüstet, 5,28 kampfbereit und mobil, mit *Kieseln und dem Wirbelwind* verglichen. 5,29 *Ihr Gebrüll gleich einer Löwin* lähmt die Gegner, die gepackt werden können und als Beute verschleppt werden, wie das den einer Schlacht zuschauenden Verwandten des letzten Perserkönigs Darius passierte und Alexander eine großzügige Geldzahlung für eine Freilassung ablehnte. 5,30 Das jemand *darüber knurrte, wie das Meer rauscht* ist eine historische Erinnerung an den Perser Xerxes, der nachdem eine Bootsbrücke über den Bosporus vom Meer zerstört wurde das Meer von Männern auspeitschen ließ. Sein aufwendiges Aufgebot gegen Griechenland scheiterte und im Gegenüber wurde hier das Perserreich überrollt (Dan 11,2.3).

Der Kehrreim „Dabei wendet sich sein Zorn nicht ab, seine Hand ist ausgestreckt" im Abschnitt 5,24-30 zeigt eine Fortsetzung der Krisen an. Das Richterbuch spricht von den 40 Jahren der Philister, eine Größenordnung, die zuvor für die Ruhephasen angedacht waren (Ri 13,1). Das die Textanordnung den 5. Kehrreim vorzieht wirkt für die Richterzeit abschließend (siehe 4,2-6 #Hintergründe#).

Jesaja 6,1-13

Der zwanzigste Abschnitt 6,1-13 beginnt am Zeilenanfang und schließt in einem freien Zeilenende.

Nach dem Weinberglied und anhängenden Wehe Rufen folgt im Abschnitt 6,1-13 eine Vision Jesajas, in der er im *Todesjahr des Usijas* 746/745 vor dem heiligen Hofstaat steht und gereinigt wird, um als Sprecher zu einem Volk zu gehen, das seine Botschaft zwar hören aber nicht zu einer Wende führend verarbeiten kann. Das Volk steht bereits unter einem Bann, wie die vorausgehenden Wehe Rufe zeigen. In 6,1 wird der hohe Thron JHWHs durch *den Saum seines Gewandes* mit dem Tempel verbunden. 6,2.3 Die Seraphen füllen den Raum dazwischen und schreiben Gott dreifach Heiligkeit zu, 6,4 was eine Spannung zum Tempel auslöst, denn *die Türschwellen bebten* und *Rauch füllt den Tempel*. Dass von *seiner Herrlichkeit die ganze Erde erfüllt ist* drückt sich durch die lebenden Geschöpfe aus. 6,5 Jesaja sieht sich mit *unreinen Lippen* und als Teil des Volkes verloren. 6,6.7 *Eine glühende Kohle vom Altar* lässt seine Ungerechtigkeit weichen und ihn gesühnt dastehen. 6,8 Er kann den Sendeauftrag hören und nimmt ihn an. 6,9 Das Volk wird keinen Nutzen aus ihrer Wahrnehmung ziehen können. 6,10 „Herz, Ohren und Augen sollen ihrer natürlichen Fähigkeit beraubt werden, wie die kunstvoll arrangierte Beschreibung ausdrückt"[23], die nach *Peter Höffken* sekundär ist. 6,11 *Wie lange, Herr?* Die Antwort rückt zuerst die Städte, dann die Häuser und dann das Land als verwüstet, unbewohnt und verödet in den Blick. 6,12f sind erklärende Zusätze, 6,13 nach dem Exil.

Die Theophanie JHWHs wurde im entsprechenden Jubiläum bei der Einweihung des Tempels in Jerusalem sichtbar. Beim Einzug der Bundeslade erfüllte eine Wolke das Haus JHWHs, sodass das Priesterpersonal seinen Dienst im Haus einstellen musste (1Kö 8,1-13).

Jes 6
1 Im Todesjahr des Usija sah ich JHWH auf seinem hocherhabenen Thron sitzen. Der Saum seines Gewandes füllte den Tempel aus.
2 Seraphen standen über ihm. Jeder hatte sechs Flügel: zwei vor ihrem Angesicht, zwei vor ihren Füßen und mit zwei flogen sie.
3 Sie riefen einander zu: Heilig, heilig, heilig ist JHWH der Heerscharen. Von seiner Herrlichkeit ist die ganze Erde erfüllt.

---

23 NSK-AT 18/1 Peter Höffken: *Das Buch Jesaja Kapitel 1-39*; 1993, Seite 78

4 Die Türschwellen bebten bei ihrem lauten Ruf und der Tempel füllte sich mit Rauch.

5 Und ich sprach: Wehe mir, denn ich muss schweigen. Denn ich bin ein Mann von unreinen Lippen und inmitten eines Volkes von unreinen Lippen wohne ich, denn meine Augen haben den König, JHWH der Heerscharen, gesehen.

6 Und einer der Seraphim flog zu mir und in seiner Hand war eine glühende Kohle, die er mit der Zange vom Altar genommen hatte.

7 Und er berührte damit meinen Mund und sprach: Siehe, dieses hat deine Lippen berührt und so ist deine Schuld gewichen und deine Sünde gesühnt.

8 Und ich hörte die Stimme JHWHs, der sprach: Wen soll ich senden und wer wird für uns gehen? Ich antwortete: Hier bin ich, sende mich.

9 Und er sprach: Geh und sprich zu diesem Volk: hört immer wieder, aber erlangt keine Einsicht und seht immer wieder, aber erlangt keine Erkenntnis.

10 Verhärte das Herz dieses Volkes, verklebe ihm die Augen, verstopfe ihm die Ohren, damit es mit seinen Augen nicht sieht und mit seinen Ohren nicht hört und sein Herz nicht versteht, und es nicht umkehrt und geheilt wird.

11 Und ich sprach: Wie lange, Herr? Und er sprach: Bis die Städte wüst liegen, ohne Bewohner und die Häuser ohne Menschen und das Land öde verwüstet ist,

12 [und JHWH die Menschen wegschaffen und groß wird die Verödung inmitten des Landes.]

13 [Und ist noch ein Zehntel darin, so wird es wiederum vertilgt werden, wie die Eiche und Terebinthe, die wenn sie gefällt sind, Triebe haben] [ein heiliger Same ist seine Triebe daran.]

Jesaja 7,1-6

Der Abschnitt 7,1-6 handelt *in den Tagen des Ahas*, Jahre nach der Theophanie Jesajas *im Todesjahr des Usija* 6,1-13. Die Nachricht in 7,1 ist so auch in 2Kö 16,5 überliefert. 7,2 Ein Bericht trifft ein und die Stimmung in der Regierung und dem Volk beschreibt Jesaja mit Bäumen im Wald, die vom Wind bewegt werden. 7,3 Jesaja soll mit seinem Sohn Schear-Jaschub *dem Ahas entgegen* gehen, der wahrscheinlich gerade die Wasserversorgung und die Verteidigungsanlagen inspizierte. 7,4-6 Die Botschaft an Ahas, sich ruhig zu verhalten angesichts zweier angekokelter Holzschreite, die Juda erobern wollen, spielt auf die Größenverhältnisse der politischen Landschaft an. 7,5 Syrien und Ephraim hatten das assyrische Großreich im Nacken 7,6 und der geplante Krieg gegen Juda war mit der Vorstellung von einem Vasallenkönig besetzt, die eher zu einer Großmacht passen.

Jes 7

1 Und in den Tagen Ahas, des Sohnes Jothams, des Sohnes Usijas, des Königs von Juda [zog Rezin, der König von Syrien, und Pekach, der Sohn Remaljas, der König von Israel, nach Jerusalem hinauf zum Krieg gegen es, aber er vermochte nicht gegen dasselbe zu streiten.

2 Und es wurde dem Hause David berichtet: Syrien hat sich in Ephraim gelagert. Da bebten sein Herz und das Herz seines Volkes, wie die Bäume des Waldes vor dem Wind beben.

3 Und JHWH sprach zu Jesaja: Geh hinaus, dem Ahas entgegen, du und dein Sohn Schear-Jaschub, an das Ende der Wasserleitung des oberen Teiches, nach der Straße des Walkerfeldes hin,

4 und sprich zu ihm: Hüte dich und bleibe ruhig, fürchte dich nicht und dein Herz verzage nicht vor diesen beiden rauchenden Brandscheitstümpfen, [wegen der Zornglut Rezins und Syriens und des Sohnes Remaljas.]

5 Weil Syrien Böses gegen dich beschlossen hat, [Ephraim und der Sohn Remaljas] und spricht:

6 Lasst uns gegen Juda hinaufziehen und ihm Furcht einjagen und es uns aufbrechen und den Sohn Tabeels zum König zu machen.

Die Bedrohung Jerusalems durch Israel begann mit der Reichsteilung zurzeit Rehabeams.

Jesaja 7,7-9

Der zweiundzwanzigste Abschnitt 7,7-9 beginnt im eingerückten Zeilenanfang und schließt in einem freien Zeilenende.

Im Abschnitt 7,7-9 teilt der Prophet Jehovas Wort über die Situation in 7,1-6 mit. Diese Pläne würden scheitern. 7,8a.9a Der kurze Aufriss von Stadt-Land-König soll auf die Größenverhältnisse aufmerksam machen, die Syrien und Ephraim ausmachen. Assyrien bleibt unerwähnt. 7,9b *Wenn ihr jetzt nicht festbleibt*, lautet der Übergang vom Verheißungswort zu einem Drohwort, *dann* steht der Fortbestand vom eigenen Stadt-Land-König tatsächlich infrage! Hier wird, ohne das Assyrien auch nur genannt wird, eine freiwillige Unterordnung des Hauses Davids für den Fortbestand genannt.

Jes 7
7 So sprach der Herr JHWH: Es kommt nicht zustande und geschieht nicht.
8 Denn Damaskus ist das Haupt von Syrien und Rezin das Haupt von Damaskus.
[Und in noch 65 Jahren wird Ephraim zerschmettert, dass es kein Volk mehr sei.]
9 Und Samaria ist das Haupt von Ephraim, und der Sohn Remaljas das Haupt von Samaria. Wenn ihr nicht glaubt, werdet ihr keinen Bestand haben.

8b ist ein „sekundärer Einschub, was sich auch daran zeigt, daß die Zeile den Zusammenhang unerträglich unterbricht."[24] Die 65 Jahre bis Ephraims Ende könnten auf die Rückeroberung Ägyptens fallen. Assyrien eroberte 671-662 Ägypten bis nach Theben (Nah 3,8-10) wobei Männer von Ephraim mitgewirkt haben könnte, wie ein von Sacharja aufgenommenes Wort nahelegt (Sach 10,3-12, siehe Jes 5,20 Anhang). Ein Abschreiber trug Ephraim für diese Zeit als *zerschmettert* ein.

Die Zuordnung der Gebiete zu den Königshäusern drückt die Trennung vom Haus Davids aus. Samaria wurde Hauptstadt Ephraims!

---

[24] BKAT X 1 Hans Wildberger: *Jesaja*; 1980, Seite 266

Jesaja 7,10-17

Der dreiundzwanzigste Abschnitt 7,10-17 beginnt im eingerückten Zeilen-anfang und schließt in einem freien Zeilenende.

Der Abschnitt 7,10-17 setzt das Gespräch der Absätze 7,1-6; 7,7-9 fort. 7,11 Ahas soll sich ein Zeichen von Jehova fordern, und zwar eines *von tief unten in der Unterwelt* oder *hoch oben in der Höhe*. Dieser nicht verstandene Ausdruck wurde unabhängig von 7,11 von *Werner Papke* bei der Untersuchung des Gigamesch-Epos mit dem Sternehimmel aufgeklärt: „Wir sahen, dass die Himmelshemisphäre unterhalb des Horizontes als »ersetu« (Erde) gedeutet wird. Ersetu bezeichnet außer der Erde im weiteren Sinne auch die Unterwelt. Also: Auch die Unterwelt befindet sich an der himmlischen Sphäre. Damit löst sich ein bisher nicht geklärtes Problem mesopotamischer Mythologie: Unterweltsgötter ... sind am Himmel zu finden!"[25] Ein Zeichen nach dieser Beschreibung war somit ein Himmelszeichen! 7,12 Ahas: *Ich will nicht fordern und will JHWH nicht versuchen*. 7,13 Diese Haltung wird als *ermüdend, müde machend* bezeichnet. 7,14 Das Zeichen geht vom Herrn aus: *Die Jungfrau wird schwanger und einen Sohn gebären und wird seinen Namen Immanuel nennen*. 7,15 Bei der Nahrung *Rahm und Milch* werden Vorstellungen wach, die mit der Versorgung durch den König assoziieren (siehe 7,21f).

Jes 7
10 Und JHWH fuhr fort, zu Ahas zu reden, und sprach:
11 Fordere dir ein Zeichen von JHWH, deinem Gott; fordere es unten in der Tiefe oder oben in der Höhe.
12 Und Ahas sprach: Ich will nicht fordern und will JHWH nicht versuchen.
13 Da sprach er: Hört doch, Haus David! Ist es euch zu wenig, Menschen zu er-müden, dass ihr auch meinen Gott ermüdet?
14 Darum wird JHWH euch selbst ein Zeichen geben: Siehe, die Jungfrau wird schwanger und einen Sohn gebären, und wird seinen Namen Immanuel heißen.
15 [Rahm und Honig wird er essen, wenn er weiß, das Böse zu verwerfen und das Gute zu erwählen.]
16 Denn ehe der Knabe weiß, das Böse zu verwerfen und das Gute zu erwählen, wird das Land verlassen sein, vor dessen beiden Königen dir graut.
17 JHWH wird über dich und über dein Volk [und über das Haus deines Vaters] Tage kommen lassen, wie sie nicht gekommen sind seit dem Tag, da Ephraim sich von Juda trennte [den König von Assyrien.]

---

[25] Werner Papke: *Die Sterne von Babylon. Botschaft des Gilgamesch – nach 4000 Jahren entschlüsselt*; 1989, Seite 57

7,16 Das Zeichen beinhaltet auch eine Zeitangabe: *Böses verwerfen und Gutes wählen* können. Bis zu dieser Reife wäre *das Land verlassen, vor dessen beiden Königen dir graut.* Später heißt es 8,18 *Ich und die Kinder sind zu Zeichen und zu Vorbildern in Israel geworden*, bei Immanuel weil Ahas ein Himmelszeichen ablehnte 7,12. Welches Himmelszeichen waren hier gemeint und welche zeitlichen Aspekte sind damit verbunden? Das wird in 7,21-25 erklärt.

Der Überrest Juda würde davon profitieren, während das Land der Feinde Syrien und Israel *ehe der Knabe weiß, das Böse zu verwerfen und das Gute zu erwählen, verlassen sein* wird 7,16. Diese Spanne ist nicht so eindeutig, wie es auf den ersten Blick scheint. Zuerst ist an ein Kind bzw. einen Jugendlichen zu denken, dessen Ausformung für Recht und Unrecht noch nicht stabil entwickelt ist. Diesem Nachkommen als Zeichen würden schwierige Tage (in der Zeit Hiskias) 7,17 folgen. Eine spezifische Person ist zum Untergang Israels leider nicht auszumachen. Die Beschreibung würde auf den Enkel Manasse passen, weil er mit 12 Jahren zu regieren begann, doch da war Israel bereits 20 Jahre im Exil. Er selbst bekam diesen nicht mehr zu Gesicht, doch wurde *euch*, d. h. dem Hause Davids *ein Zeichen* gegeben, nicht zwangsläufig ihm sichtbar werden, da er ja ablehnte.

Alternativ wird in 8,3 eine Prophetin schwanger und benennt ihren Sohn nach einer Aufschrift 8,1, die den Reichtum von Damaskus und die Beute von Samaria zum Gegenstand hat 8,4. Damit konnten Jesajas Kinder (Plural 7,3+8,3) *zu Zeichen in Israel werden* 8,16-18.

Damit in Verbindung stehen in **7,17** *Tage*, die *JHWH über dich und dein Volk und das Haus deines Vaters kommen lassen* werden, wie das *seit dem Tag, da Ephraim von Juda gewichen ist* nicht der Fall war. Dem Kriegstrauma des Amazja von Juda durch Joas (2Kö 14,8-14) würde ein vergleichbares Geschehen folgen!

Der Jubiläen-Abschnitt kennt eine Frau namens Atalia, die nach Ahasjas Tod seine Söhne töten lies um selbst zu regieren. Ein Sohn überlebte das und Joas wurde mit 7 Jahren zum König gemacht, *ehe er Recht von Unrecht unterscheiden konnte.*

Jesaja 7,18-20

Der Abschnitt 7,18-20 spricht von Bienen aus dem Land Assyrien. Natürliche Bienen produzieren Honig, von dem die Rede ist 7,15.22. Diese Nahrung steht für Wohlstand und wird im Abschnitt 7,21f Teil einer Herrschaftsbeschreibung. 7,18 Gott würde *den Bienen* aus Assyrien pfeifen. 7,19 Diese würden sich niederlassen, wobei hier an ein Söldnerheer zu denken ist, das in abstürzende Täler vordringt und sonst undurchdringliches Terrain (Dorngehege) durchschreitet. 7,20 Ein gemietetes Schermesser jenseits des Euphrat – Assyrien wird gegen das Haupt, gegen Haare der Beine und den Bart eingesetzt. Die Erwähnung von Ägyptens Strom dem Nil und der Fliege an dessen Ende lässt auf ein feindliches, aber unterlegenes Heer schließen, das sich Nilaufwärts zurückziehen muss, wie bei der Eroberung von Theben durch Assyrien. Ein verwandtes Bild sind die Lasttiere in 30,6f, mit denen die Beute durch verschiedene gefährliche Orte nach Assyrien gebracht werden musste, eine logistische Leistung. Das Messer schert mit dem Nildelta den Bart und Theben im Süden den Kopf und die Beine bezeichnen beide Seiten vom Nil und deren Seitentäler, die von Assyrien beraubt wurden.

Jes 7
18 [Es wird an jenem Tag geschehen:] Pfeifen wird JHWH [den Fliegen am Ende der Ströme Ägyptens, und] den Bienen [, die] im Lande Assyrien [ist].
19 Und sie werden kommen und sich alle niederlassen in den Tälern der steilen Höhen und in den Felsspalten und in allen Dorngehegen [und allen Tränkstellen].
20 [An jenem Tag] wird der Herr durch ein gemietetes Schermesser, von der anderen Seite des Stromes, [mit dem König von Assyrien,] das Haupt und das Haar der Beine abscheren, ja auch den Bart wegnehmen.

Wichtig ist die Beobachtung, dass der Honig in 7,22 (als Ertrag der Biene) dem Himmelszeichen 7,11 zugewachsen ist und zusammen als Segen erscheint! Die Aussage fällt zugunsten des Immanuel aus, d. h. ein Nachkomme Judas partizipiert von der Invasion der Bienen!

Die Jubiläen-Adresse zeigt ein stärker werdendes Assyrien und das erstarkte Israel unter Jerobeam II, ein gemietetes Schermesser, dass Assyrien den Bart, d. h. die Vormachtstellung streitig machte.

Jesaja 7,21-25

Der fünfundzwanzigste Abschnitt 7,21-25 beginnt im eingerückten Zeilen-anfang und schließt in einem freien Zeilenende.

Der Abschnitt 7,21-25 spricht von *jemand*, der eine junge Kuh und zwei Kleinvieh füttern würde, 7,22 und deren Milchertrag und Honig Nahrungsgrundlage für einen Überrest werden würden. 7,23-25 s.u.

Jes 7
21 Und es wird an jenem Tag geschehen, dass jemand eine junge Kuh und zwei Kleinvieh füttern wird.
22 Und wegen der Menge ihres Milchertrags wird er Rahm essen, denn Rahm und Honig wird jeder essen, der im Lande übriggeblieben ist.
23 [Und es wird an jenem Tag geschehen, dass jeder Ort, wo tausend Weinstö-cke von tausend Silbersekel waren, alles voller Dornen und Disteln sein wird.]
24 Mit Pfeilen und mit Bogen kommt man dorthin [denn das ganze Land wird voller Dornen und Disteln sein.]
25 [Und alle Berge, die mit der Hacke behackt wurden, kommt man nicht mehr aus Furcht vor Dornen und Disteln. Sie werden ein Ort sein, wohin man Rinder treibt und der vom Kleinvieh zertreten wird.]

Hans Wildberger hat auf „die auffallende Ähnlichkeit von 7,21f mit der … Hymne des Lipitistar"[26] aufmerksam gemacht (vgl. Horn 5,1).

Hymne des Lipit Ischtar[27]
… dem Ackersmann, der dort die Getreidehaufen hinschüttet, der Hirte, der der Hürde Fett und Milch vermehrt, der im Sumpf Fische und Vögel wachsen läßt, der den Wasserläufen dauerndes Wasser im Überfluß bringt, der dem großen Gebirge den üppigen Ertrag steigert, bin ich …

Der König sieht sich im Sternenhimmel Mesopotamiens, wo ein Hirte namens SIPA.ZI.AN.NA seinen Hirtenstab GAM in Richtung des Him-melsstier GU.AN.NA schwingt, hinter dem die Plejaden MUL.MUL eine Ähre bilden. An solchen Gestirnen konnte die richtige Zeit für Ernte und Aussaat bestimmt werden. Der zweite Held (LU)CHUN.GA auf der anderen Seite des Himmelsstirs geht unter, wenn die Jung-frau Ischtar AB.SIN am Osthorizont sichtbar wird. 7,23 ergänzt mit Worten aus dem Weinberglied, doch die tausend Sekel könnten wie *alle Berge* 7,25 die Sterne der Milchstraße sein, 7,24 *wohin man mit Pfeilen und Bogen kommt,* d. h. hinter KAK.SI.SA (Speer) und BAM (Pfeil und Bogen). Gegenüber werden NU.MUSH.DA *getrieben* 7,25.

---

[26] BKAT X 1 Hans Wildberger: *Jesaja*; 1980, Seite 296
[27] Falkenstein/Soden: *Sumerische und Akkadische Hymnen und Gebete*, 127

Ein solches Himmelszeichen sollte Ahas fordern und lehnte ab 7,11f. Ihm wurde die Ansprache über diese, jetzt vom Gebiet der Assyrer beanspruchten Himmelszeichen selbst auch zum Vorzeichen einer freiwilligen Unterwerfung unter diesen Großkönig! Er hätte Zeichen, wie das Erscheinen der Jungfrau erbitten können. Nun wurde ihm ein Nachkomme angesagt, der in der Hürde die königlichen Früchte von Rahm und Honig geniest, Honig, der aus Assyrien kommt 7,18f.

Könnte mit dem Honig auch das Offenbarungsgut aus Mesopotamien angesprochen sein? Hier ist nicht an Astrologie zu denken, sondern an die Geschichtsschreibung des Gilgamesch, der auffällig mit dem damaligen Sternenhimmel assoziiert, wie MUL.APIN deutlich macht! Jedenfalls wurde Ahas ein Zeichen aus diesem Spektrum angeboten und auch der Hirtenkönig Lipit Ischtar, meiner Meinung nach der biblische Isaak, welcher Iddin Dagan (Abraham) und Imsche Dagan (Ismael) auf dem Thron folgte, stellte ganz ähnliche Ansprüche! Die Vorväter Israels entstammen der Dynastie, die nach dem Tod von Ibbi Suen (Haran) bei der Zerstörung von Ur (Brüder Bilgameschs) durch den Schwiegersohn Ischbi Erra (Terach) von Isne fortgeführt wurde. Schu Illischu (Elieser) kam Abram noch zuvor (Gen 15,2).

Mit der oben aufgeworfenen Frage gerät die Schrift des Gilgamesch, an deren Entschlüsselung schon über hundert Jahre gearbeitet wird, als eine Offenbarung in den Raum. Propheten können bis in die Zeit von Isne hinein durch archäologische Funde nachgewiesen werden. Dies bleibt sicherlich nicht ohne Konsequenzen für unsere Zeit, denn der Vater der Lichter (Jak 1,17) und Gott der Weltzeit (Hen 1-5) ist als ewiger Gott (Röm 16,26) bekannt. Im Gilgamesch und am Himmel Mesopotamiens werden Geschehen, z. B. die Arche abgebildet. Das legt eine Form der Geschichtsschreibung nahe, die angesichts von Absender und Adressat auch zukünftige Geschichte bereithält! In diesen Himmelszeichen suchten bereits die Vorväter Israels ihre Rolle im zukünftigen Geschehen einzunehmen. Es ist zudem über die Arche daran zu erinnern, dass sich von den jeweils acht Merkmalen beider Quellen sechs gleichen und die übrigen aus ägyptischen Quellen erschlossen werden können. Wir können somit durchaus von Verwandtschaft sprechen. „Die Fluterzählung gehört ... zu den fundamentalen Kulturgütern der Menschheit."[28]

Das Nordreich Israel wird angefeindet und geht schließlich unter.

---

[28] BKAT I 1 Claus Westermann: *Genesis 1-11*; 2. Auflage 1976, Seite 531

Jesaja 8,1-4

Der sechsundzwanzigste Abschnitt 8,1-4 beginnt am Zeilenanfang und schließt in einem freien Zeilenende.

Abschnitt 8,1-4 wirkt wie eine Fortsetzung von Abschnitt 6,1-13, weil JHWH in wörtlicher Rede Jesaja auffordert, einen bestimmten Namen auf eine Tafel zu schreiben. Der Prophet beansprucht über sein Ich der Schreiber dieser Worte zu sein. 8.2 Sich zuverlässige Zeugen hinzuzuziehen bekräftigt die Inschrift der großen Tafel als Urkunde, die auch für eine öffentliche Bezeugung gut geeignet war. 8.3 Damit tritt Jesaja selbst rechtlich dafür ein und handelt entsprechend, indem er sich, wie er selbst schreibt, der Prophetin naht. Sie wird Schwanger und gebiert einen Sohn, der den Namen auf eben der Tafel erhalten soll. Der Sinn des Namens bedeutet *Eilbeute-Raschraub.* 8.4 Noch ehe das Kind richtig sprechen lernen würde, wären der Reichtum von Damaskus und die Beute von Samaria bereits beim König von Assyrien. Diese Schwangerschaft begann vielleicht noch 722 und die Geburt eines Sohnes in 721 könnte gut als lebende Veranschaulichung gedient haben, wenn im Jahr 720 das Land Israel zu existieren aufhörte.

Jes 8
1 Und JHWH sprach zu mir: Nimm dir eine große Tafel und schreibe darauf mit dem Unheilsgriffel: Maher-Schal Chasch-Bas.
2 Und ich nahm mir zuverlässige Zeugen nehmen: Urija, den Priester und Sacharja, den Sohn Jeberekjas.
3 Dann nahte ich mich der Prophetin und sie wurde schwanger und gebar einen Sohn. Und JHWH sprach zu mir: Gib ihm den Namen: Maher-Schal Chasch-Bas.
4 Denn bevor der Junge zu rufen weiß Vater und Mutter, wird man den Reichtum von Damaskus und die Beute von Samaria vor dem König von Assyrien tragen.

Diese Denkschrift mit der Benennung der Zeugen ist als öffentliches Zeugnis angelegt und nicht an den König gerichtet. Sie konnte damals leicht verstanden werden und lässt die Folgerung zu, dass der König seit der Immanuel-Weissagung Zeit verstreichen ließ. Das Chronikbuch beschreibt eine politisch instabile und verworrene Epoche. Es sollen in Juda 120000 an einem Tag gefallen und 200000 vorrübergehend verschleppt worden sein, und erst dann hätte Ahas Assyrien um Hilfe gerufen (2Chr 28,1-18, vgl. 2Kö 16,5).

Ein Siegesrelief Assurs über Theben zeigt Beute und Plündergut.

Jesaja 8,5-8

Der siebenundzwanzigste Abschnitt 8,5-8 beginnt im eingerückten Zeilenanfang und schließt in einem freien Zeilenende.

Der Abschnitt 8,5-8 setzt in 8,6 mit einer Bildsprache gegen Israel ein. Israels hat sich mit Syrien gegen Juda eingelassen. Die Wasser von Siloah bei Jerusalem haben sie verachtet. 8,7 Darum gehen die Wasser des Stromes über die Ufer. 8,8 Diese Wasser würden Juda bis zum Hals reichen.

Jes 8
5 Und JHWH fuhr fort, weiter zu mir zu reden:
6 Darum, weil dieses Volk die Wasser von Siloah verachtet, die still fließen, und zerfließt vor dem Stolz Rezins und vor dem Sohn Remaljas,
7 darum, siehe, lässt JHWH [über sie] heraufkommen die Wasser des Stromes, die mächtigen und großen [den König von Assyrien und sein ganzes Heer] und er steigt über alle seine Betten und tritt über alle seine Ufer.
8 Und er wird in Juda eindringen, überschwemmen und überfluten bis zum Hals reichend. [Und seine Flügelspanne füllt die Breite deines Landes, Immanuel!]

Die beiden Wasser zu vergleichen erzeugt ein Ungleichgewicht und so ist dem Hörer von vornherein klar, dass der Gegenstand anderer Natur ist – einerseits die Stille andererseits die Vermessenheit. Stille zu verachten und *Freude mit Rezin und an dem Sohn Remaljas* zu haben kennzeichnet als Adressat das Volk Israel, das so als Verräter auftrat. Jehova verletzte dieses Verhalten gegen Jerusalem. Er ließ durch Assyrien das Nordreich Israel von der Landkarte verschwinden. Im Zuge dieser Entwicklung würden diese Wasser auch Juda überschwemmen und *bis an den Hals reichen*. Jerusalem überstand zurzeit Hiskias die Belagerung durch Sanherib und überdauerte auch sonst die Wasser Assyriens, die selbst Theben überschwemmen konnten, was Ninive zum Vorzeichen wurde (Nah 3,8-11; Sach 10,3-12).

Im Abschnitt umschließen Wasser bald Assyrien bis zum Hals.

Jesaja 8,9-10

Der achtundzwanzigste Abschnitt 8,9-10 beginnt im eingerückten Zeilenanfang und schließt in einem freien Zeilenende.

Der Abschnitt 8,9-10 sagt die Vernichtung der angreifenden Völker an. Ihre Pläne würden vereitelt und nichts würde zustande kommen, den *Gott ist mit uns.* 8,9-10 setzt ohne Einleitung 8,5-8 fort, wo die stillen Wasser des Siloah mit *Wasser des Stromes, die großen und mächtigen*, gegenüberstehen.

Jes 8
9 Schließt euch zusammen, ihr Völker, und werdet zerschmettert! Horcht auf, alle Fernen der Erde! Gürtet euch und werdet zerschmettert, gürtet euch und werdet zerschmettert!
10 Schmiedet einen Plan, und er wird scheitern, redet ein Wort, und es kommt nicht zustande, denn Gott ist mit uns.

8,9 Die angeredeten *Völker* sind die umliegenden Nationen, während die ebenfalls angeredeten *Fernen der Erde* von dem Geschehen hören. Den Herausforderungen *vereinigt euch* und (2x) *gürtet euch* stehen (3x) *werdet zerschmettert* als Ausgang bevor. **8,10** Jeder *Rat soll vereitelt werden* und *ein Wort* würde unerfüllt bleiben.

Ein Zeitpunkt wird unmittelbar nicht genannt. Im Kontext davor ist von einer Invasion die Rede, bei der Juda bis zum Hals überflutet wird 8,5-8. Es ist möglich, dass vom Abschnitt 7,21-25 eine chronologische Festlegung ausgeht, die auch für die Immanuel-Weissagung von Bedeutung ist. Da die Entdeckung des Mesopotamischen Sternenhimmels als Hintergrund für 7,21-25 gerade erst erfolgte, lässt sich gegenwärtig noch nicht mehr sagen. Im Kontext danach endet der Absatz 8,11-15 im Fallen vieler.

Das assyrische Reich wurde zerschmettert, erst Assur, dann Ninive und später der klägliche Rest von Assyrien. Später übernahm Babylon die Vorherrschaft über die Völker.

Jesaja 8,11-15

Der neunundzwanzigste Abschnitt 8,11-15 beginnt im eingerückten Zeilenanfang und schließt in einem freien Zeilenende.

Der Abschnitt 8,11-15 lässt keinen Zweifel daran, dass der Weg dieses Volkes kein Weg für Jesaja sei, was er sich nach den Worten in 8,9-10 hätte denken oder sich hätte wünschen können. 8,12 Der Gegenstand wird vom Volk als Verschwörung aufgefasst, doch Jesaja und seine Schüler sind nicht davon betroffen und brauchen davor nicht zu erschrecken. 8,13 Sie sollen ihren Gott heiligen und sich nur vor ihm fürchten. 8,14 Er wird ihnen zum Heiligtum und den beiden Häusern Israels zum Stein des Anstoßes werden, was in 8,15 mit *stolpern, fallen, zerschmettern, verstrickt und gefangen werden* ausgedrückt wird.

Jes 8
11 [Denn] so hat JHWH zu mir gesprochen, als seine Hand stark auf mir war und er mich warnte, nicht auf dem Weg dieses Volkes zu gehen:
12 Ihr sollt nicht alles Verschwörung nennen, was dieses Volk Verschwörung nennt und fürchtet nicht was sie fürchten und erschreckt nicht davor.
13 JHWH der Heerscharen sollt ihr heiligen, er sei eure Furcht und euer Schrecken.
14 Er wird zum Heiligtum werden, zum Stein des Anstoßes und zum Felsen des Stolperns den beiden Häusern Israels, zur Schlinge und zum Fallstrick den Bewohnern von Jerusalem.
15 Und viele unter ihnen werden stolpern, und werden fallen und zerschmettert und verstrickt und gefangen werden.

8,14 wird von christlichen Schreibern wie Petrus aufgegriffen (1Pet 2,8), wodurch die Schüler Jesu in den Stand der Schüler des Jesaja versetzt werden, die das Zeugnis bewahrten 8,16f.

Das Jubiläum beginnt schon während dem Exil Judas in Babylon und endet mit Kyros Tod, der seine Versprechungen gegenüber den Juden selbst nicht wahr machte, was vielen zum Stolpern brachte.

Jesaja 8,16-18

Der dreißigste Abschnitt 8,16-18 beginnt im eingerückten Zeilenanfang und schließt in einem freien Zeilenende.

Im Absatz 8,16-18 wird Jesaja angewiesen, das Zeugnis zu verbergen und dieses Gesetz in den Schülern zu versiegeln. 8,17 Jesaja nimmt die Worte aus 8,11-16 an und wartet und hofft auf seinen Gott. 8,18 Jesaja sieht sich und seine Kinder als Zeichen und Vorbilder in Israel vor Jehova, der auf dem Zion wohnt.

Jes 8
16 Ich binde das Zeugnis zu, versiegele das Gesetz unter meinen Jüngern.
17 Und ich will auf JHWH harren, der sein Angesicht verbirgt vor dem Hause Jakob, und will auf ihn hoffen.
18 Siehe, ich und die Kinder, die JHWH mir gegeben hat, sind zu Zeichen und zu Vorbildern in Israel, vor JHWH der Heerscharen, der wohnt auf dem Berg Zion.

Die Kinder, die zu Zeichen wurden waren die Exil-Rückkehrer nach Juda im 1. Jahr Darius. Sie wurden zu Vorbildern und bauten in Jerusalem einen Tempel für JHWH auf.

Die Vermutung liegt nahe, dass bereits ein Schüler Jesajas oder ein späterer Schreiber die Art der Versiegelung nicht mehr verstanden hat oder als so kompliziert ansah, dass er sie verloren glaubte 8,19. Welches Gesetz wurde versiegelt? Wie wurde das Zeugnis gebunden?

Die 10 Wehe in 1,4; 3,9b.11; 5,8.11.18.20.21.22; 10,1 (meist hinter dem Weinberglied) sind jeweils Jubiläen ab Salomos Tempelbau:

1.	Jubiläum	5,8-10	Tempelbau/Reichsteilung/Raub
2.	Jubiläum	5,11-17	Israels Rausch im Götzendienst
3.	Jubiläum	3,4.5.11.12	Herrschaft von Frauen
4.	Jubiläum	3,1-3.6-9	Stütze für Jerusalem entzogen
5.	Jubiläum	5,18.19	Israels schnelles Ende
6.	Jubiläum	1,1-9	Jesajas heillose Zeit für Israel
7.	Jubiläum	5,20	Juda als Verbündeter Assyrien
8.	Jubiläum	5,21	Judas Könige als Eintreiber/Exil
9.	Jubiläum	5,22-23	Exil und Rückkehrverzögerung
10.	Jubiläum	10,1-4	Purim und Rückkehrverzögerung

Dieses Gesetz der Zeit begründet sich mit Lev 25 (Siehe 5,1-7) und ist mit Ausnahme einer Verschiebung durch späterer Hand 3,1f gut erhalten. Ein zeitgenössisches Wehe 1,4 leitet Israels Untergang ein.

Die Versiegelung von Offenbarungsgut durch Jesaja wird durch die Kehrreime fortgeführt. Der Abschnitt 10,1-4 mit Wehe und Kehrreim setzt die weiteren Kehrreime 9,12.17.21; 5,25 in Funktion, wodurch die in der persischen Epoche beginnenden Jubiläen abgebildet sind. Diese Reime wurden an anderer Stelle positioniert, um *das Zeugnis zuzubinden* 8,16.

Jubiläum	10,1-4	1. Kehrreim
11. Jubiläum	9,8-13	2. Kehrreim
12. Jubiläum	9,14-17	3. Kehrreim
13. Jubiläum	9,18-21	4. Kehrreim
14. Jubiläum	5,24-30	5. Kehrreim

Der Abschnitt 10,5-11 mit dem Wehe Ruf in der griechischen Epoche eröffnet in der Zeit nach der Aufteilung von Alexanders Reich, der am 13 Juni 323 verstarb. Über Dan 8,8; [11,4] kann gesagt werden: „Der Prozess, bis die Hörner sichtbar wurden, dauerte 22 Jahre und hielt dann ganze 16, bzw. 20 Jahre an. Dann waren die Gebiete Kassanders und Lysimachos von Seleukos einverleibt."[29] Ptolemaios (Soter) starb 283 und Seleukos wurde 281 vergiftet. Die *Schrift des Sem* sagt über das 15. Jubiläum: „Selbst die vierfüßigen (Tiere) werden sterben ..." – TrShem 1,2a.[30] „Diese Tiere (Dan 8,8a), bzw. vier Hörner haben mit ihren Kriegen viel Unruhe verursacht und Schrecken verbreitet, aber selbst sie werden sterben ... Damit haben wir einen weiteren Beleg für die Zählung vom Ende der Diadochen aus, auch wenn diese zurückgewandt verlaufen sein muss."[31] Das Jesaja-Buch führt diese Zählung bis in das 12. Kapitel fort:

15. Jubiläum	10,5-11	Wehe gegen Assyrien
16. Jubiläum	10,12-19	Assyrien wird unbedeutender
17. Jubiläum	10,20-23	Israels Rest kehrt um
18. Jubiläum	10,24-32	Assyriens Intervention
19. Jubiläum	10,33-34	Schreckensgewalt mit Eisen
20. Jubiläum	11,1-9	Geburt eines Nachkommen Isais
21. Jubiläum	11,10	Der Nachkomme Isais als Signal
22. Jubiläum	11,11-12,6	Zweiter Loskauf von einem Rest

---

[29] Harald Schneider: *Biblische Zahlenwerte und ihre Bedeutung I*; Seite 150
[30] JSHRZnf James H. Charlesworth: *Die Schrift des Sem*; 2005, Seite 21; *The Old Testament Pseudepigrapha. Treatise of Shem*; 1983, Seite 473f;
[31] Harald Schneider: *Biblische Zahlenwerte und ihre Bedeutung II*; 2018, Seite 133 [*Die Schrift des Sem und der 364Tage-Kalender*, Seite 111-134]

Jesaja 8,19-9,6

Der 31. Abschnitt 8,19-9,6 ist ein Anhang zum versiegelten Zeugnis 8,16-18, das nach seiner Aufschlüsselung auf die Zuspitzung vor Jesu Geburt 11,1-9 und seinem Wirken 11,10 schließen lässt. Das Fluchen gegen Gott und König 8,21 wurde im Königreich ab 102 möglich und geht der Geburt Jesu zwei Jubiläen voraus. Mit Assur 10,24-32 ist das Seleukidenreich angesprochen dem in 10,33-34 die Schreckensgewalt aus Eisen, d. h. Rom folgt. Die angesagte Geburt war der Spross Isais 11,1-9, der als Signal 11,10 dastehen würde.

19. Jubiläum	10,24-32	Assyriens Intervention
20. Jubiläum	10,33-34	Schreckensgewalt mit Eisen
21. Jubiläum	11,1-9	Geburt eines Nachkommen Isais
22. Jubiläum	11,10	Der Nachkomme Isais als Signal

8,19 Gleich zu Beginn bringt ein späterer Schreiber mit der Totenbefragung zum Ausdruck, 8,20 dass das Zeugnis 8,16 verloren und der Aufgang gefährdet sei. 8,21.22 setzt das Bild der Bedrückung für das Land Juda fort, wobei sie König und Gott fluchen würden. Der Finsternis in Juda wird 8,23 das Land Sebulon und Naphtali gegenübergestellt, das von früherer Bedrängnis zu Ehren gelangt, 9,1 wenn dem Volk der Finsternis *ein großes Licht über sie* leuchtet (Mat 4,14f). 9,2 Die Nationen wurden gemehrt, als die Römer im Land waren. Unter König Herodes wurde mit einem Tempelneubau die Freude groß. 9,3 *Das Joch ihrer Last* ist ein Rückblick auf die Herrschaft der Parther, die durch die Römer gebrochen wurde und Herodes die Machtausübung ermöglichte. 9,4 Gleich wie bei den Parthern würde jeder *Stifel, der mit Gedröhn stampft und jedes durchs Blut* gegangene Herrschafts*gewandt* dem Brand verfallen sein. 9,5 Der Hintergrund dieser Prophezeiung ist die Geburt eines Sohnes, dem die Herrschaft auf der Schulter ruhen würde und dessen Namen *Wunderbarer, Berater, starker Gott, Vater der Ewigkeit, Friedefürst* genannt würden. Diese Titulare sprengen den üblichen Rahmen. Er verdrängt 9,3.4 ganze Großreiche. 9,6 Seine Herrschaft sei zunehmend ohne Ende *auf Davids Thron*, was für Jesajas Zeitgenossen angesichts der assyrischen Bedrohung ein großer Trost war. Die zeitliche Lokalisierung *von nun an bis auf Ewigkeit* begann jedoch nicht zurzeit Hiskias.

Jes 8
19 [Und wenn sie zu euch sprechen: Befragt die Totenbeschwörer und die Wahrsager, die flüstern und murmeln, so sprecht: Soll nicht ein Volk seinen Gott befragen? soll es für die Lebenden die Toten befragen?
20 Zum Gesetz und zum Zeugnis! Wenn sie nicht nach diesem Worte sprechen, so gibt es für sie keine Morgenröte.]
21 Und er wird durchzieht es, schwer bedrückt und hungernd. Und wenn er Hungert wir er in Zorn geraten sein und flucht seinen König und seinen Gott.
22 Und er wird zur Erde blicken, und siehe, Not und Dunkelheit, bedrängende Finsternis und in dichte Finsternis ist er versunken.
23 Doch nicht bleibt Finsternis für den, der für sie bedrängt ist. Wie die frühere Zeit das Land Sebulon und das Land Naphtali verächtlich machte, so bringt die künftige die Meeresstraße, das Ostjordanland, den Kreis der Nationen zur Ehre.
Jes 9
1 Das Volk, das im Finstern tapt, sieht ein großes Licht, die wohnen im Land der Finsternis, Licht leuchtet über ihnen.
2 Du hast die Nation gemehrt, groß gemacht die Freude. Sie freuen sich vor dir wie die Freude in der Erntezeit, wie man jubelt beim Verteilen der Beute.
3 Denn das Joch ihrer Last und den Stab ihrer Schulter, den Stock ihres Treibers hast du zerschlagen wie am Tag Midians.
4 Denn jeder Stiefel, der im Getümmel stampft, und jedes Gewand, das in Blut gewälzt, verfällt dem Brand, ein Fraß des Feuers.
5 Denn ein Kind ist uns geboren, ein Sohn uns gegeben, und die Herrschaft kam auf seiner Schulter, und man nennt seinen Namen: Wunderplaner, Gottesheld, Vater der Ewigkeit, Friedefürst.
6 Die Mehrung des Reiches und der Friede werden kein Ende nehmen auf dem Thron Davids und über sein Königreich, da er es festigt und stützt durch Recht und Gerechtigkeit, von nun an bis in Ewigkeit. Der Eifer JHWHs der Heerscharen wird dieses tun.

Der königliche Sohn in 9,5-6 war Xerxes, Atossas/Hadassars Sohn die als Königin Esther bekannt ist. Sie war zuerst die Frau Kambyses, des Ahasverus der Bibel und wurde später Darius Frau. Sie setzte Xerxes als Thronfolger gegen die älteren Söhne Darius durch.

§ Die Abschnitte 9,7-12 und 9,13-20 reihen sich mit ihren drei Kehrreimen hinter dem Kehrreim in 10,1-4 für die persische Epoche ein, die in 5,24-30 im letzten Kehrreim abschließen. Ihre Anordnung sind Teil der Versiegelung (8,16-18) und keine Fortsetzung von 8,19-9,6. Auch 10,5-12,6 sind Teil dieser Chronologie, die auf 8,19-9,6 zuläuft. Dieser Absatz bildet somit den Höhepunkt oder das Ziel der Wehen-Chronologie ab, die hinter dem Weinberglied 5,1-7 einsetzte und die mittels bestimmender Merkmale sorgsam verborgen wurde! Ab Kapitel 13 setzen die mit Überschriften ausgestatteten Fremdvölkerworte die allgemeine Chronologie # in Jubiläen fort.

Jesaja 9,7-12

Der zweiunddreißigste Abschnitt 9,7-12[8-13] beginnt im eingerückten Zeilenanfang und schließt in einem freien Zeilenende.

Der Abschnitt 9,7-12 ist mit seinem Kehrreim hinter 10,1-4 einzuordnen. Das Stück gehört zwar an sich der Zeit Israels vor 720[32] an, gewinnt aber aufgrund seiner Anordnung als zweiter Kehrreim für das 11. Jubiläum Aussagekraft!

§ In 9,9 werden Baumaßnahmen von Jakob/Israel genannt, was ein Wink auf den Mauerbau unter Nehemia sein wird. 9,11 Die Wiederbesiedlung und der Tempelbau brachten ebenso wie der Mauerbau keine vollständige Rückkehr unter den Segen Gottes (Hag 2,10-14; Neh 5,1-5). Neben dem Kehrreim macht 9,10 auf weitere Feindseligkeiten aufmerksam und 9,12 zeigt den mangelnden Umkehrwillen des Volkes.

Jes 9
7 Der Herr hat ein Wort gegen Jakob gesandt, und nieder fiel es in Israel.
8 Und das ganze Volk hat es erfahren, Ephraim und die Bewohner von Samaria, die in Hochmut und in Überhebung des Herzens sagen:
9 Die Ziegelsteine sind eingefallen, aber mit behauenen Steinen bauen wir auf, die Sykomorbalken sind abgehauen, aber wir setzen Zedernholz an ihre Stelle.
10 Denn JHWH erhebt die Bedränger [Rezins] über es und reizt seine Feinde auf:
11 Aram von Osten und die Philister von Westen, und sie fressen Israel mit vollem Maul. Dabei wendet sich sein Zorn nicht ab, seine Hand ist ausgestreckt.
12 Und das Volk kehrt nicht um zu dem, der es schlägt, und JHWH der Heerscharen suchen sie nicht.

Der mangelnde Umkehrwille zeigte sich während dem Mauerbau und ähnelt der reuelosen Einstellung von Ephraim.

---

[32] BThSt 149 Jan Kreuch: *Das Amos- und Jesajabuch*; 2014, Seite 52ff

Jesaja 9,13-20

Der dreiunddreißigste Abschnitt 9,13-20[14-21] beginnt im eingerückten Zeilenanfang und schließt in einem freien Zeilenende.

§ Der Abschnitt 9,13-20 aus Jesajas Zeit[33] hat zwei Kehrreime. Die Führer des Volkes und das Volk selbst werden vor Gott ruchlos und *Dornen und Disteln* steigen auf. Als 3. und 4. Kehrreim bilden diese an Israel gewandten Worte die Zeit des 12.-13. Jubiläums ab, # 13. Die Kenntnisse über das Judäa dieser Zeit sind nur fragmentarisch.

9,15 Die Führungsschwäche spiegelt sich in einem Streit wider: Weil der Hohepriester Joannes im Streit seinen Bruder Jesus erschlug, wurden die Opfer im Tempel besteuert (JosAnt XI 7,2). Der Ruf, sie würden einander beißen, haftet auch der 3-4 Woche der priesterlichen Überlieferung im Testament Levi 17,1-7 an. *Der dritte Priester wird in Trauer aufgenommen werden. Der vierte wird in schmerzen leben ... und in ganz Israel wird jeder seinen Nächsten hassen* Test-Lev 17,4.5. 9,16 Der Herr hat deshalb kein Wohlgefallen und Erbarmen mit ihnen. 9,17 Die Gesetzlosigkeit brennt Dornen und Distel nieder. 9,18 Der Grimm Jehovas lässt das Volk schonungslos werden und jeden an sein eigenes Überleben denken. 9,14.15.20.21 beschreiben die Zeit des sich auflösenden Israel.

Jes 9
13 Und JHWH rottet aus Israel Haupt und Schwanz, Palmzweig und Binse aus an einem Tag.
14 [Der angesehene Älteste ist das Haupt und der Lügenprophet der Schwanz.]
15 Denn die Führer dieses Volkes wurden Verführer, und seine Verführten eine verblendete Volksmenge.
16 Darum schont JHWH seine Jungmannschaft nicht und erbarmt sich nicht seiner Waisen und Witwen, denn alle sind Gottlose und Übeltäter und jeder Mund redet töricht. Dabei wendet sich sein Zorn nicht ab, seine Hand ist ausgestreckt.
17 Denn die Bosheit brennt wie Feuer, das Dornen und Disteln frisst und zündet das Dickicht des Waldes an, dass es emporwirbeln in einer Rauchsäule.
18 Durch den Grimm JHWHs [der Heerscharen] ist das Land verbrannt, und das Volk ist wie eine Speise des Feuers geworden, keiner schont den anderen.
19 Und man schlingt zur Rechten und hungert, und man frisst zur Linken und wird nicht satt. Sie fressen ein jeder das Fleisch seines eigenen Armes:
20 Manasse den Ephraim, und Ephraim den Manasse. Zusammen fallen sie über Juda her. Dabei wendet sich sein Zorn nicht ab, seine Hand ist ausgestreckt.

---

[33] BThSt 149 Jan Kreuch: *Das Amos- und Jesajabuch*; 2014, Seite 42ff

Jesaja 10,1-4

Der vierunddreißigste Abschnitt 10,1-4 beginnt im eingerückten Zeilenanfang und schließt in einem freien Zeilenende.

Das Wehe im Abschnitt 10,1-4 gilt Personen mit *Satzungen des Unheils* und deren *Schreibern, die Mühe machen.* Wem Mühe machen? 10,2 *Die Armen und Elenden meines Volkes sollten vom Gericht verdrängt, ihres Rechts beraubt und geplündert werden.* Dieser bösen Absicht stehen 10,3 *der Tag der Heimsuchung von fern* und ein Ende der Dynastie entgegen. 10,4 Sie bleiben am *Ort der Gefangenschaft* gleich *Erschlagenen fallen sie hin*, aber *seine Hand ist ausgestreckt.*

Jes 10
1 Wehe denen, die Satzungen des Unheils aufstellen, (wehe) den Schreibern, die Mühsal verfassen,
2 um das Recht der Geringen zu beugen und den Armen meines Volkes ihr Recht zu rauben, damit die Witwen ihre Beute werden und sie die Waisen plündern.
3 Was wollt ihr am Tag der Heimsuchung tun und beim Unwetter, das von Ferne ankommt? Zu wem wollt ihr fliehen um Hilfe und wohin euren Reichtum legen.
4 Umsonst, als Gefangener muss man sich beugen und als Erschlagener fällt man hin. Dabei wendet sich sein Zorn nicht ab, seine Hand ist ausgestreckt.

§ Der 10. Wehe Ruf bezeichnet das 10. Jubiläum ab dem Tempelbau und begann im Todesjahr des Kyros. Gab es danach 10,1 *Satzungen des Unheils*, *Schreiber* die *Mühsal ausfertigten* 10,2 und einen *verdrängten Rechtsanspruch*? Waren *Beute* und *Plünderung* angesagt? 10,1 Satzungen des Unheils wurden *während der Regierung Ahasverus zu Beginn seiner Herrschaft geschrieben* Esr 4,6. Er regierte in Personalunion mit seinem Vater Kyros und ab 330 als Alleinherrscher. Im Buch Esther ist der Wechsel von Ahasverus Mitregentschaft zu seiner Alleinherrschaft am Titel König zu erkennen.

Ahasverus 1. Jahr	während der Regierung des Ahasverus, am Anfang seiner Regierung	Esr 4,6
Ahasverus 3. Jahr	seiner Regierung	Est 1,3
Ahasverus 7. Jahr	seiner Regierung	Est 2,16
12. Jahr des Königs	Monat Nissan	Est 3,7
12. Jahr des Königs	3. Monat Siwan, 23. Tag	Est 8,9
12. Jahr des Königs	12. Monat Adar, 12. Tag	Est 3,13

Das Purim in Est 3,7f.12f; 4,8 durch Haman als *Schreiber der Mühsal* im 12. Jahr des Königs war eine *Satzung des Unheils.* 10,2 Eine

Rechtsverordnung war das Edikt des Kyros über die Rückkehr Judas und den Tempelbau in Jerusalem (2Chr 36,22; Esr 1,1f). Doch erst Darius setzte das Edikt des Kyros um (Esr 6). Unter Ahasverus wurde angestrebt, *ihre Beute zu plündern* Est 3,13. Sie waren Opfer einer Intrige beim Königshof (Esr 4,6). 10,3 Die *Heimsuchung* kam durch einen Sandsturm in Ägypten, der Kambyses Armee vernichtete und er wurde auf den Bergen durchstochen. Darius beseitigte die Aufständischen und nahm den Thron ein (Dan 11,1), das Ende der Dynastie des Kyros c/o Kambyses. 10,4 Die Juden kehrten im 1. Jahr Darius aus dem Exil Babylons in ihre Heimat zurück. Ihnen *blieb nichts anderes übrig, als sich am Ort von Gefangen zu krümmen.* Unter den Rückkehrern ist Mordechai, was erst nach einem Machtwechsel in Frage kam (Esr 2,2; Neh 7,7). Der Wehe-Abschnitt 10,1-4 schließt mit einem Kehrreim gegen Kyros c/o Kambyses und führt die 5 Jubiläen der persischen Epoche an. Drei Kehrreime erscheinen im Text 9,11b.17b.21b vor deren Einführung in 10,4b und der fünfte Kehrreim in 5,25b ist dieser Reihe anzuschließen.

Das letzte der 10 Wehe, die auch eine Chronologie von 10 Jubiläen ab dem Tempelbau Salomos abbilden, schließt im Kehrreim: *Dabei wendet sich sein Zorn nicht ab, seine Hand bleibt ausgestreckt* 10,4. Dieser Kehrreim wiederholt sich in 5,25; 9,11.17.20. Letzte Beobachtung hat *Hans Wildberger* in seinem Kommentar veranlasst, die Verse 9,7-20 dem Abschnitt 5,25-30 voranzustellen und „als Einheit für sich zu erkennen", wobei er denkt, dass 10,4 „einem Redaktor zuzuschreiben ist, der 10,1-4 als Fortsetzung von 9,7-20 verstanden wissen wollte."[34] Da wir oben im Zuge der Chronologie 10,4 als ein Teil des abschließenden Wehe-Jubiläums auffassen und dieses Wehe mit einen Kehrreim schließt, können wir zurecht annehmen, dass die Kehrreime eine fortsetzende Funktion der Wehe-Jubiläen ausüben! *Seine Hand bleibt ausgestreckt!* Das hat, anders als bei *Hans Wildberger*, zur Folge, dass sich hinter 10,1-4 die Einheit der Kehrreime anschließt, und der Wehe Ruf in 10,1 den Kehrreim in 10,4 keinesfalls ausschließt!

Der Abschnitt 10,1-4 ist das 14. Jubiläum ab Kyros Tod und hat ein Wehe für Kambyses, einen Kehrreim für Darius und Xerxes Zeit.

---

[34] BKAT X 1 Hans Wildberger: *Jesaja*; 1980, Seite 207f [Seite 202-229]

Jesaja 10,5-11

Der fünfunddreißigste Abschnitt 10,5-11 beginnt im eingerückten Zeilenanfang und schließt in einem freien Zeilenende.

Abschnitt 10,5-11 eröffnet mit einem Wehe Ruf gegen Assur, 10,6 das Gott als Werkzeug gegen die *ruchlose Nation* Israel einsetzt, *um es zu zertreten wie Straßendreck.* 10,7 Assurs Ziele sind jedoch viel weitreichender auf Weltherrschaft ausgerichtet, wie das 10,8.9 für die Gebiete der Könige ausdrückt, seinen Fürsten! Bei 10,10.11 handelt es sich um Zusätze von späterer Hand.

Jes 10
5 Wehe Assur, Rute meines Zornes und der Stock in seiner Hand ist mein Grimm.
6 Gegen eine gottlose Nation sende ich ihn und gegen das Volk meines Grimms entbiete ich ihn, um Raub zu rauben und Beute zu erbeuten, und es zu Zertretenem zu machen gleich Straßendreck.
7 Er aber meint es nicht so, und sein Herz denkt nicht so, sondern zu vernichten hat er im Sinn und auszurotten nicht wenige Nationen.
8 Denn er spricht: Sind nicht alle meine Fürsten Könige?
9 Ist nicht Kalno wie Karchemis? Hamath wie Arpad? Samaria wie Damaskus?
10 [So wie meine Hand die Königreiche der Götzen erreicht hat, und ihre geschnitzten Bilder waren mächtiger als die von Jerusalem und von Samaria
11 werde ich nicht, wie ich Samaria und seinen Götzen getan habe, ebenso Jerusalem und seinen Götzen tun?]

Zehn Wehe Rufe verknüpft mit fünf Kehrreime sind in ihre Funktion als Jubiläen vom Tempelbau Salomos bis zur Teilung von Alexanders Reich (§ 5,24-30) bereits vergangen. In diesem Kontext sind Assur die späteren Könige seiner Gebiete. Dieses Wehe führt als 15. Jubiläum die hellenistische Epoche an, die laut dem fließenden Absatzsystem im 18. Jubiläum an die Parther und im 19. Jubiläum an Rom übergehen. Ziel der Liste 10,5-34 ist die Geburt eines Sohnes am Ende des 20. Jubiläums, der im 21. Jubiläum als Signal erscheint und im 22. Jubiläum den Loskauf eines Restes erwirkt 11,1-12,6.

15. Jubiläum	10,5-11	Wehe gegen Assyrien
16. Jubiläum	10,12-19	Assyrien wird unbedeutender
17. Jubiläum	10,20-23	Israels Rest kehrt um
18. Jubiläum	10,24-32	Assyriens Intervention
19. Jubiläum	10,33-34	Schreckensgewalt mit Eisen
20. Jubiläum	11,1-9	Geburt eines Nachkommen Isais
21. Jubiläum	11,10	Der Nachkomme Isais als Signal
22. Jubiläum	11,11-12,6	Zweiter Loskauf von einem Rest

Siegfried Mittmann beobachtete in seinem Beitrag (BZAW 185) einen Wechsel Assurs auf eine andere Ebene: „Beschreibt V. 5 Assur und die ihm zugedachte Rolle in den instrumentalen Bildern von Stab und Stecken, um die Alleinwirksamkeit Jahwes und Assurs völliges Unterworfen sein unter Jahwes Willen herausstellen, wechselt die Begrifflichkeit mit dem folgenden Vers, der Assurs Bestimmung historisch expliziert, auf die personale Ebene über." In 10,6 beinhaltet der Auftrag „die totale Ausplünderung des strafwürdigen Volkes. Geht es hier also um die bewegliche Habe, so im zweiten Stichos um das Leben und den Lebensraum des Volkes. ... dem Ort und das Ergebnis ... was beim »(zer)treten, (zer)stampfen« herauskommt. In Jes 5,5 wird der Weinberg, dessen Mauer eingerissen wird, zum zertretenen Gelände, in Jes 7,25 das mit der Hacke kultivierte Bergland zum Tretplatz der Schafe."[35] Gleiches Geschick erfahren die im Machtrausch befindlichen »betrunkenen Ephraims« in Jes 28,3f. Vom Weinberglied an kann eine thematische Fortführung beobachtet werden, die auf der chronologischen Ebene greift, indem sie mit dem Wehe Ruf gegen Assur die Reihe der Kehrreime fortführt. Assurs eigene Intentionen in 10,7 zielen auf die Vernichtung nicht weniger Nationen und der Rückblick 10,8f zeigt „einen generellen Sachverhalt ... im Sinne von ständig wiederholten Handlungen"[36], sodass auch alle im Wechsel befindlichen Nachfolger Assurs diese Intentionen teilen. Das wirft ein Licht auf zukünftige Herrschaften, die die Ausrottung nicht weniger Völker erreichen wollen.

Die Anordnung von 10,5-11 hinter 10,1-4 ist sicherlich nicht zufällig gewählt worden, denn ein 11. Wehe (ohne die angelegten Kehrreime zu berücksichtigen) lässt den Leser dieser Apokalypse in die Zeit des Xerxes mit seinem großen Kriegsaufgebot gegen Griechenland blicken (Dan 11,3).

§ und # laufen ab hier synchron und werden nicht mehr gesondert gekennzeichnet! Im 15. Jubiläum ist Assur Synonym für eine Weltmacht. Seleukos Nikator schafft ein Großreich im Norden.

---

[35] BZAW 185 Siegfried Mittmann: *„Wehe Assur, Stab meines Zorns"*; 1989, Seite 115.116; [111-132]
[36] Ebda, Seite 117

Jesaja 10,12-19

Der sechsunddreißigste Abschnitt 10,12-19 beginnt im eingerückten Zeilenanfang und schließt in einem freien Zeilenende.

Der Abschnitt 10,12-19 folgt dem Wehe Ruf gegen Assur in 10,5 und beschreibt die Geisteshaltung des Königs des Nordens, wobei 10,12 auf eine Vollendung *am Berg Zion und an Jerusalem* zusteuert, die über den zeitlichen Rahmen des 16. Jubiläums hinaus auf den Ausgang des dann amtierenden Königs des Nordens blickt. „Denn so sehr auch der Kontext auf Assur zu verweisen scheint, so geht es hier doch nicht mehr um eine nachträgliche Erklärung des Untergangs dieses Weltreiches, vielmehr handelt es sich hier um eine im Rahmen des Gesamten chiffrierte, an sich anonyme Gerichtsandrohung"[37], die *Rudolf Kilian* in Spätdatierung in der Gegenwart des Schreibers vermutet. Die maßlose Selbstüberschätzung in 10,13f zeigt „einen Anspruch ... der größenwahnsinnig ist – wie die Axt bzw. Säge, die sich gegenüber dem rühmt, der sie benützt."[38]

Jes 10

12 [Und wenn der Herr sein ganzes Werk am Berg Zion und an Jerusalem vollenden wird, so sucht er heim die Frucht der Überheblichkeit des Herzens des Königs von Assyrien und den Stolz seiner Augen.

13 Denn er hat gesagt:] Durch die Kraft meiner Hand habe ich es getan und durch meine Weisheit, denn ich bin klug! Ich verrückte die Grenzen der Völker und plünderte ihre Schätze und stoße als ein Gewaltiger die Städte hinab.

14 Und meine Hand erreicht den Reichtum der Völker wie ein Nest, und wie man verlassene Eier zusammenrafft, so habe ich die ganze Erde zusammengerafft: Keiner schlug mit dem Flügel, oder sperrte den Schnabel auf und piepte.

15 Darf die Axt sich gegen den rühmen, der damit haut? Oder brüstet sich die Säge gegen den, der sie zieht? [als schwänge ein Stock die ihn hebenden, als schwinge ein Stab den empor, der ihn hebt!]

16 Darum wird [der Herr,] JHWH der Heerscharen Magerkeit senden gegen seine Fetten Landstriche und unter seiner Pracht bricht ein Brand aus wie Feuerbrand.

17 Und das Licht Israels wird zum Feuer werden, und sein Heiliger zur Flamme, die seine Dornen und Disteln in Brand setzen und verzehren wird an einem Tag.

18 Und die Pracht seines Waldes und seiner Baumgärten wird mit Stumpf und Stiel vernichtet werden, [dass es wird, wie wenn ein Kranker hinsiecht.]

19 Und der Rest der Bäume seines Waldes wird zu zählen sein: ein Junge könnte sie mühelos aufschreiben.

---

[37] NEB Rudolf Kilian: *Jesaja 1-12*; 1986, Seite 83
[38] NSK-AT Peter Höffken: *Das Buch Jesaja Kapitel 1-39*; 1993, Seite 116

„Weherufe sind ihrem Wesen nach kurz; es muss gesagt werden, wem der Ruf gilt, und der Adressat muss kurz so charakterisiert werden, dass das Wehe als wohl begründet erscheint."[39] *Hans Wildberger* hält 10,12 für eine später Hinzufügung, sodass die dadurch ausgedrückte endzeitliche Note leider nicht zur Geltung kommt. Uns erwartet auf personaler Ebene bei *der Vollendung am Berg Zion und an Jerusalem* ein beispielloser Herrscher, der größenwahnsinnig ist! Das Gerichtswort 10,16-19 beschreib zwar auch die Entwicklung der Seleukiden insgesamt, doch 10,17 wenn *das Licht Israels zum Feuer wird*, würden Assurs *Dornen und Disteln in Brand* gesetzt *an einem Tag*, würde bereits auf das nächste Jubiläum der Blick gerichtet, *an jenem Tage* 10,20 – dem Widerstand der Makkabäer. Doch wurde damit *sein ganzes Werk am Berg Zion und an Jerusalem vollendet*? Es scheint mehr so, als sei das Geschick der Seleukiden, ihr Auf und Ab jener Zeit und auch ihr Niedergang zu einer Provinz ein Abbild der anstehenden Geschicke einer endzeitlichen Weltmacht zu sein, die ähnlich wie Antiochus III. im Ringen gegen Rom, scheitern wird.

---

[39] BKAT X 1 Hans Wildberger: *Jesaja 1-12*; 1980, Seite 392

Jesaja 10,20-23

Der siebenunddreißigste Abschnitt 10,20-23 beginnt am Zeilenanfang und schließt in einem freien Zeilenende.

Der Abschnitt 10,20-23 hängt dem Wehe Ruf gegen Assur in 10,5 an und beschreibt den einsetzenden Widerstand gegen den König des Nordens, wobei 10,21 der Überrest umkehrt.

Im 17. Jubiläum stellten sich die Makkabäer gegen die Hellenisierungsbemühungen des Seleukiden Antiochus V. und rangen um Unabhängigkeit. Auslöser war die Entweihung des Tempels in Jerusalem 167, der genau drei Jahre später wieder eingeweiht wurde. 10,22 *Wie Sand am Meer* beschreibt die unüberschaubare Größe des Volkes Israel, wobei der Überrest Jakobs in 10,21 eine sehr viel kleinere Gruppe beschreibt. 10,22 hebt mit 10,12 auf die endzeitliche *Vollendung am Berg Zion und an Jerusalem* ab, wenn ein größenwahnsinniger Herrscher gegen Gottes Volk auftritt. Dann steht 10,23 die *Vernichtung inmitten der Erde* an, die *fest beschlossen* ist.

Jes 10
20 Und es wird geschehen an jenem Tag, da wird der Rest Israels und das Entronnene des Hauses Jakob sich nicht mehr stützen auf den, der es schlägt; sondern es wird sich stützen auf JHWH, den Heiligen Israels, in Wahrheit.
21 Der Rest wird umkehren, der Rest Jakobs zu dem starken Gott.
22 Denn wenn auch dein Volk Israel wie der Sand des Meeres wäre, nur ein Rest davon kehrt um. Vernichtung ist beschlossen, hereinflutend in Gerechtigkeit.
23 Denn [der Herr,] JHWH der Heerscharen vollzieht eine festbeschlossene Vernichtung inmitten der ganzen Erde.

Jesaja 10,24-32

Der achtunddreißigste Abschnitt 10,24-32 beginnt im eingerückten Zeilenanfang und schließt in einem freien Zeilenende.

Der Abschnitt 10,24-32 hängt dem Wehe Ruf gegen Assyrien in 10,5
an. Dieses Wort wird angesichts der Belagerung Jerusalems durch
Sanherib an Gewicht gewonnen haben, auch wenn die Orte in 10,28-
32 einen Einfall vom Norden schildern, Sanherib aber vom Meer aus
in Juda einfiel.[40] Die genannten Orte sind nördlich von Jerusalem im
Bergland oder werden dort vermutet (Neh 11,31-35).[41] Es ist ein
prophetisches Wort und ein historischer Hintergrund ist nicht auszumachen. Das Gedicht hat viele Wortspiele, deren Inhalte wenig
hergeben, was Absicht zu sein scheint.[42] Das regt zu Nachfragen an:
10,24 Wie ist die Aufforderung *fürchte dich nicht* mit den Schrecken
in 10,28-32 vereinbar? 10,26 Warum *wird sein Stab über dem Meer
sein*? 10,28-32 Sind mit der Orts- und Wegbeschreibung Botschaften für andere Orte oder Zeiten verknüpft? (vgl. unten Jes 30,6-11)

Berücksichtigt man das Zeitgeschehen 1) Samarias Untergang 720,
die Bedrohung geht vom Norden aus nach Süden (so in 10,28-32).
2) Jerusalems Belagerung 701 und 3) Thebens Eroberung 671 durch
die Assyrer erscheint es möglich, dass mit den Zeitangaben *ein Tag*
bis zum *Nachtlager* 10,29 und dem *noch heute* als zweiter Tag 10,32
eine prophetische Chronologie in Jubiläen angesagt wird!

10,24 Die Ansprache Jehovas an sein Volk, sich nicht zu fürchten,
hat den Wechsel von ägyptischer zu assyrischer Vorherrschaft als
Gegenstand. 10,25 *Denn nur noch eine ganz kurze Weile* und *mein
Zorn wendet sich zu ihrer Vernichtung* bei Ninives Untergang 612.
10,26 Die siebenjährige Herrschaft Midians über Israel (wegen deren falschen Handlungen) wendete Gott in einen Sieg (Ri 6,1; 7,25)
mit der Woche als Muster. *Sein Stab über dem Meer* ist im obigen
Kontext das von Wassern umgebene Theben, das bei der Nilschwemme wie ein Meer erscheint (Nah 3,8). Assur war die *Rute
meines Zornes, und der Stock in seiner Hand ist mein Grimm* 10,5.
Das in Sach 10,11 *Ephraim durch das Meer schreitet und beide Län-
der erniedrigt, verweist uns auf die Prophezeiung des Jona* (2Kö

---

[40] Carl G. Rasmussen: *Historisch-geografischer Atlas zur Bibel*; 2000, S. 134
[41] Stuttgarter Bibelatlas, 1989, Seite 41: *vgl. 51. Juda in nachexilischer Zeit*
[42] Vgl. BKAT X 1 Hans Wildberger: *Jesaja 1-12*; 1980, Seite 425f Form

14,23-27). Dieser Umstand erklärt auch ohne Assyrien als Werkzeug Gottes zu beanspruchen, warum *sein Stab über dem Meer sein wird.* 10,27 *An jenem Tag weicht die Last von deiner Schulter, sein Joch von deinem Hals.* 10,28-31 Das Vorrücken eines Feindes von Norden her löst Befürchtungen und Flucht im Bergland aus, wie in Ägypten. 10,32 *Noch heute macht er halt in Nob*, einem Ort der ausgewählt erscheint, um für No Amon (Theben), das Assyrien erobern konnte, als Muster zu stehen (Kommentar Nah 3,8f), das im Text gegenüber Jerusalem reicht, wo einer vom Norden *seine Hand schwingt.*

Jes 10

24 Darum spricht [der Herr,] JHWH der Heerscharen: Fürchte dich nicht, mein Volk, das in Zion wohnt, vor Assur, wenn er dich mit dem Stocke schlagen und seinen Stab gegen dich schwingen wird nach der Weise Ägyptens!
25 Denn nur noch eine kurze Zeit, und mein Grimm geht zu Ende und mein Zorn wendet sich zu ihrer Vernichtung.
26 Und JHWH der Heerscharen wird über ihn die Geißel schwingen wie bei der Niederlage Midians am Felsen Oreb, und sein Stab ist über dem Meer, und er wird ihn nach der Weise Ägyptens schwingen.
27 Und es wird geschehen an jenem Tag, dass seine Last von deiner Schulter weicht und sein Joch von deinem Hals weggerissen wird, ein fettes Joch.
28 Er kommt gegen Aijath, zieht durch Migron; in Mikmas lagert er sein Gepäck.
29 Sie ziehen über den Paß zu Geba und schlagen sie ihr Nachtlager auf. Rama bebt, Sauls Gibea flieht.
30 Schreie laut, Tochter Gallims! Horch auf, Lais! Armes Anathoth!
31 Madmena eilt davon, die Bewohner von Gebim flüchten.
32 Noch heute macht er halt in Nob, er schwingt seine Hand gegen den Berg der Tochter Zion, den Hügel Jerusalems.

Der Untergang Samarias, die Belagerung Jerusalems durch Sanherib und die Eroberung Thebens fanden nahezu in einem Jubiläum, d. h. während *eines Tages* statt. Zur Chronologie dieser These:

Im Todesjahr des Usijas 746/745 hatte Jesaja eine Vision 6,1-13, in der er vor dem heiligen Hofstaat steht und gereinigt wird, um als Sprecher zu einem Volk zu gehen, das seine Botschaft zwar hören aber nicht zu einer Wende führend verarbeiten kann. Das Volk steht unter einem Bann, wie u. a. die Wehe Rufe anzeigen. Die Mitteilung in 10,24-32 ist verschleiert und mit Blick auf Assur ausgegangen und zählt ab 720 (6. Jubiläen) zwei Jubiläen bis Assyriens Joch von Juda weggerissen war. 10,24-32 hat im Rahmen der Gebinde nach Jes 8,16 seinen heutigen Platz für das 18. Jubiläum eingenommen, wo es zum Widerstand der Makkabäer passt.

Jesaja 10,33-34

Der neununddreißigste Abschnitt 10,33-34 beginnt im eingerückten Zeilenanfang und schließt in einem freien Zeilenende.

Der Abschnitt 10,33-34 folgt dem Wehe Ruf gegen Assyrien in 10,5. Der vorherige Abschnitt 10,24-32 ist verschleiert und mit Blick auf Assur angelegt und zählt ab 720 (6. Jubiläen) bis Assyriens Joch von Juda weggerissen würde und hat im Rahmen der Gebinde nach Jes 8,16 seinen heutigen Platz für das 18. Jubiläum eingenommen, was zum Widerstand der Makkabäer passt, die am Ende des Jubiläums ein eigenes Königreich aufrichten (vgl. 8,21 *König und Gott*). So gilt die Ansprache 10,33-34 nicht nur Assur. Die Parther kollidieren zu Beginn des 19. Jubiläums (102-55) mit den Römern bis Rom 64/63 endgültig die Reste des Seleukidenreiches zu seiner Provinz macht. 10,34 nennt zusätzlich den Libanon, was dazu anreizt 10,12 in Fortsetzung zu lesen, wo die *Vollendung am Berg Zion und Jerusalem* an einem größenwahnsinnigen Herrscher erfolgt, *wenn das Licht Israels zum Feuer wird und Assurs Dornen und Disteln in Brand gehen.*

Jes 10
33 Siehe, [der Herr,] JHWH der Heerscharen, haut mit schrecklichem Krachen die Äste herunter, und die Hochragenden werden gefällt, und die Erhabenen niedergeschlagen.
34 Und er rodet die Dickichte des Waldes mit dem Eisen, und der Libanon fällt durch einen Mächtigen.

10,33 lässt sich somit in unterschiedlichen Kontexten lesen und beschreibt immer einen radikalen Niedergang von großen Reichen und deren Herrschern. 10,34 Das *Dickicht des Waldes* als Hindernis wird mit *Eisen* niedergeschlagen und *ein Mächtiger fällt den Libanon.* Ob in 10,34 der Libanon als Bild herangezogen ist oder zum tatsächlichen Schauplatz wird, lässt sich nicht mit Bestimmtheit sagen (Jes 2,12-22; Hab 2,15-17; Sach 11,1-3).

Der Libanon. Noch heute steht die Zeder zentral in der Flagge vom Land Libanon, das nach Sach 11,1 selbst seine Tore öffnen soll. (In Ps 24,7-10 öffnen Tore von selbst, um den König der Herrlichkeit zu empfangen.) Dann frisst ein Feuer an deren Zedern. In Jes 2,12-17 kommt der Tag Jehovas über alle Zedern des Libanon und über alle stattlichen Bäume Baschans. In Nah 1,5-10 vergeht das Wachstum des Libanon, wenn sich Gottes Grimm wie ein Feuer ergießt und die Widergöttlichen wie Dornengeflecht verzehrt werden.

Jesaja 11,1-9

Der vierzigste Abschnitt 11,1-9 beginnt im eingerückten Zeilenanfang und schließt in einem freien Zeilenende.

Der 40. Abschnitt steht an 20. Stelle der Wehe Rufe, Kehrreime und Wehe Abschnitten gegen Assyrien und bildet den Höhepunkt in Sachen Herrschaft. Die Zeit von 55-7 war von Erwartungen geprägt.

Jes 11

1 Und ein Reis wird hervorgehen aus dem Stumpf Isais, und ein Schössling aus seinen Wurzeln wird Frucht bringen.

2 Und auf ihm wird ruhen der Geist JHWHs, der Geist der Weisheit und des Verstandes, der Geist des Rates und der Kraft, der Geist der Erkenntnis und Furcht JHWHs

3 [und sein Wohlgefallen hat er an der Furcht JHWHs.] [Und] er wird nicht richten nach dem Augenschein und entscheidet nicht nach bloßem Hörensagen,

4 und in Gerechtigkeit hilft er dem Geringen zu Recht, und für den Demütigen des Landes wird er fair eintreten. Und schlägt die Erde mit der Rute seines Mundes, und mit dem Hauch seiner Lippen tötet er den Gesetzlosen.

5 Und Gerechtigkeit ist der Gurt seiner Lenden und Treue der Schurz seiner Hüften.

6 Der Wolf wird bei dem Lamm zu Gast sein, und der Leopard bei dem Böcklein lagern. Das Kalb und der junge Löwe und das Mastvieh werden zusammen sein, und ein kleiner Knabe treibt sie an.

7 Kuh und Bär sind mit ihren Jungen zusammen und der Löwe wird Stroh fressen wie das Rind.

8 Und der Säugling spielt an dem Loch der Natter, und das entwöhnte Kind streckt seine Hand nach der jungen Otter aus.

9 Man wird nichts Böses noch verderbt handeln auf meinem ganzen heiligen Berg, denn die Erde wird voll sein der Erkenntnis JHWHs, so wie die Wasser das Meer bedecken.

Der Nachkomme *aus dem Stumpf Isais*, dem Vater Davids in 11,1 wird von christlichen Betrachtern mit Jesus als Messias identifiziert. Dazu werden von Matthäus und Lukas die Geschlechtsregister bemüht (Mat 1,1-17; Luk 3,23-38). Völlig neu ist nur, dass die als Jubiläen-Apokalypse wiederentdeckten hebräischen Abschnitte am Ende von 11,1-9 exakt zu seinem Geburtsdatum führen![43] Die Geburt in 11,1-9 ist aufs engste mit dem Jubiläen-Kalender in Mondzeiten verbunden und geschah nicht irgendwann (vgl. Dan 9,24-26).

---

[43] Siehe hierzu die folgenden Artikel

Jesaja 11,10

Der einundvierzigste Abschnitt 11,10 beginnt am Zeilenanfang und schließt in einem freien Zeilenende.

Der 41. Abschnitt steht an 21. Stelle der Wehe Rufe, Kehrreime und Wehe Abschnitte gegen Assyrien (11,1). Das damit angesprochene Jubiläum ab 7 v. u. Z. umfasst die Zeit des Lebens und Wirkens Jesu bis zum Passah 30 u. Z. und weitere zwölf Jahre bis zur Niederschrift vom Evangelium des Matthäus. Letzteres ist im 1945 in Nag Hamadi, Ägypten wiederendeckten Brief des Apostel Jakobus angesprochen. Jesus ist nach seiner Auferstehung noch vielen Erschienen und der zeitliche Rahmen bis zu seinem endgültigen Weggang steht in EpJak mit den 50 Tagen vom Passah *14. Nisan* bis zum Pfingstfest *6. Siwan* 42 u. Z. in Verbindung. Das Jubiläum in Mondzeiten schloss am *29. Ijar*; d. h. am 08.05.42 bei Neumond während dieser 50 Tage ab.

Jes 11

10 [Und es wird an jenem Tag geschehen: der Sproß Isais, der dasteht als Signal der Völker, nach ihm werden die Nationen fragen und seine Ruhestätte wird Herrlichkeit sein.]

[EpJak, Seite 2] Die zwölf Jünger saßen beisammen um sich an das, was der Erlöser jedem einzelnen von ihnen gesagt hatte, ob geheim oder offen, zu erinnern und es zu Büchern zu ordnen. Beim Aufschreiben in mein Buch, siehe, da trat der Erlöser in Erscheinung, der ja von uns weggegangen war, [dem wir nachgetrauert haben]. 550 Tage nach seiner Auferstehung von den Toten sagten wir zu ihm: Du bist gegangen. Hast du dich von uns entfernt? Jesus aber sagte: Nein, aber ich werde weggehen zu dem Ort, von dem ich gekommen bin. Wenn ihr mit mir kommen wollt, kommt! Sie sagten in einem Mund: Wenn du uns befiehlst, kommen wir. Er sagte: Wahrlich, ich sage euch: Niemand wird jemals in das Himmelreich eingehen, wenn ich es ihm befehle, sondern weil ihr erfüllt seid, könnt ihr in das Himmelreich eingehen. Überlasst mir Jakobus und Petrus, damit ich sie erfülle. Und nachdem er die beiden gerufen hatte, nahm er sie beiseite und ordnete den anderen an, an dem, womit sie gerade beschäftigt waren, weiter zu machen.

Das Erinnern, Aufschreiben und Ordnen in Büchern führt nach der christlichen Überlieferung zwölf Jahre nach Jesu Auferstehung zum Matthäusevangelium.[44] Der Charakter thematischer Sammlungen innerhalb eines Werkes kann für Matthäus bestätigt werden. Jesus kündigt seinen endgültigen Weggang an und reizt die Apostel an, mit ihm zu kommen.[45]

---

[44] Die 550 Tage bezeichnen die Zeit vom Passah bis zum Pfingstfest (50 Tage, die sich zum 12.x wiederholen würden). Nach 11 Jahren im 12. Jahr! Die Offenbarung Jesu an Jakobus und Petrus entstammt dem Jahr 42 u. Z.

[45] Harald Schneider: *Die Ordnung der vier Evangelien*; 2020, Seite 361f

Jesaja 11,11-12,6

Der zweiundvierzigste Abschnitt 11,11-12,6 beginnt am Zeilenanfang und schließt in einem freien Zeilenende.

Der 42. Abschnitt schließt die Kette der Wehe Rufe, Kehrreime und Wehe Abschnitte gegen Assyrien 10,5 an 22. Stelle ab und spricht das letzte Jubiläum vom 09.05.42 bis zum 20.11.89 an. In 11,11 *streckt an jenem Tag der Herr zum zweiten Mal seine Hand aus, um den übrigen Rest aus Assyrien loszukaufen.* Zurzeit Jesajas kam Israel am Ende des 5. Jubiläums (5. Wehe in 5,18-19) 720 ins Exil. 11,12 *Die Vertriebenen Israels und die Zerstreuten Judas* würden auf ein Signal hin – ein unbesiegtes Jerusalem 701 – wieder versammelt werden und 11,13 deren Rivalität würde enden und *Judas Bedränger* würden *ausgerottet* werden, was an Assur erst 614/612 der Fall gewesen wäre. 11,14 Die Machtentfaltung Israels und 11,15 das Vertrocknen der Meereszunge Ägyptens und des Stromes ebnen 11,16 den Weg für den Überrest seines Volkes *wie an dem Tag, da es aus Ägypten heraufzog.* 11,11-16 könnte wie auch Sach 10,3-12 auf ein Wort an Jona zurückgehen.[46] Hintergrund ist Thebens Eroberung 671 durch ein Meer von Wasser (Nilschwemme) als Vorzeichen für Ninives Untergang (Nah 3,8-11).

Jesaja lässt mit diesen Worten das Wehe gegen Assur 10,5 auslaufen, was nach Auflösung der Versiegelung an seine Jünger 8,16-18 als 22. Jubiläum für *eine zweite* Befreiung *seines Überrestes* steht. Die Judenchristen flohen in die Berge von Pella und entrannen dem Unglück, das die Römer 70 über Jerusalem und Judäa brachten. 11,12 Das Signal an die Nationen war die Mission der Christen und die 11,14 *Schultern der Philister* die Seewege zu deren Verbreitung.

Der Lobgesang in 12,1-6 kann jüdisch wie christlich aufgefasst werden, wenn sich 12,1 der Zorn gewendet hat, 12,2 Rettung einzieht, 12,3 mit Freude aus Quellen der Rettung geschöpft wird, 12,4 sein Name gelobt und verkündigt 12,5 und besungen wird auf der ganzen Erde 12,6 und der *Heilige Israels groß ist in der Mitte von Zion.*

11,15 *Sieben Bäche* können als Zeitkonzept auch sieben Mond- bzw. Sonnenzeiten 1945/2022 bezeichnen. Nach dem 2. Weltkrieg wurde 1948 neue Staat Israel gegründet, der sich bis heute behauptet.

---

[46] Harald Schneider: *Das Zwölf-Propheten-Buch*; 2023, Seite 393-398

Jes 11

11 Und es wird an jenem Tag geschehen, JHWH wird zum zweiten Mal seine Hand ausstrecken, um den Rest seines Volkes, der übrigbleiben wird, loszukaufen aus Assyrien [und aus Ägypten] [und aus Pathros und aus Kusch und aus Elam und aus Sinear und aus Hamath und aus den Inseln des Meeres.]

12 Und er wird den Nationen ein Signal geben und die Vertriebenen Israels sammeln, und die Zerstreuten Judas wird er sammeln von den vier Enden der Erde.

13 Und der Neid Ephraims wird weichen, und die Bedränger Judas werden ausgerottet [Ephraim wird Juda nicht beneiden, und Juda wird Ephraim nicht bedrängen].

14 Und die Philister werden über einen Berghang Richtung Meer fliegen, werden miteinander plündern die Söhne des Ostens. An Edom und Moab werden sie ihre Hand legen, und die Kinder Ammon werden ihnen gehorsam sein.

15 Und JHWH wird die Meereszunge Ägyptens austrocknen und er wird seine Hand über den Strom schwingen mit der Glut seines Hauchs, und ihn in sieben Bäche zerschlagen und machen, dass man mit Schuhen hindurchgeht.

16 So wird eine Straße für den Rest seines Volkes entstehen, der von Assyrien übrigbleiben wird, wie es eine Straße für Israel damals gab, als es aus [dem Lande] Ägypten heraufzog.

Jes 12

1 Und an jenem Tage wirst du sagen: Ich danke dir, JHWH, denn du warst gegen mich erzürnt, dein Zorn wende sich, sodass du mich tröstest.

2 Siehe, Gott ist meine Hilfe, ich vertraue und fürchte mich nicht, denn meine Kraft und Stärke Jah ist [, JHWH], und er ist meine Rettung.

3 Und mit Freude werdet ihr Wasser schöpfen aus den Quellen der Rettung,

4 und werdet sprechen an jenem Tag: Preist JHWH, rufet seinen Namen aus, teilt unter den Völkern seine Taten mit, verkündet, dass sein Name erhaben ist.

5 Besingt JHWH, denn es hat er Erhabenes getan, sie sollen bekannt werden auf der ganzen Erde!

6 Juble und freue dich, du Bewohnerin von Zion, denn groß ist in deiner Mitte der Heilige Israels.

Die Chronologie ab dem Buch Baruch[47]

VORREDE AUFF DAS BUCH BARUCH.
SEEHR GERING DIS BUCH: WER AUCH DER GUTE BARUCH IST / Denn es nicht gleublich ist / das S. Jeremias Diener / der auch Baruch heisst (dem auch diese Epistel zugemessen wird) nicht solt höher vnd reicher im Geist sein / weder dieser Baruch ist. **Trifft dazu die zal der jar /mit den Historien nicht ein.** Das ich gar nahe / jn hette mit dem dritten vnd vierten buche Esra lassen hin streichen.

Luther schließt seine Vorrede zu Baruch (1545), nach dem er seine Vernachlässigung der Bücher 3. Esra und 4. Esra genannt hatte, ab:
Baruch lassen wir lauffen vnter diesem Hauffen / weil er wider die Abgötterey so hart schreibet / vnd Moses gesetz furhelt.
Stimmt die Zahl der Jahre in Baruch mit der Geschichte überein?

Bar 1,2	5. Jahr, am 7. des Monats	Es fehlt der Monat. Für eine Zeitrechnung fehlt ein klarer Bezug zu einem Herrscher (Jojakim, Jechonja, Nebukadnezar 9, Baltasar 12, …). Wobei keiner dieser bei der Zerstörung Jerusalems sein 5. Jahr als Regent hatte.
Bar 1,8	am 10. des Siwan	Tag und Monat beziehen sich auf die Jahresangabe in 1,2. Die Gefäße des Tempels wurden zurückgegeben, was die obige Liste der Regenten erweitert (Kyros, Kambyses, Darius)

Odil Hannes Speck bemerkt in seiner Studie zum Baruchbuch zu Bar 1,2:
„Wie dieses Datum in 1,2 gemeint ist, läßt sich wegen der mangelnden Präzision des Textes bezüglich Angaben und Formulierung nur erschließen; ein zwingendes Ergebnis konnten schon die zahlreichen Vorschläge der Forschung zu diesem Vers angesichts der offenen Formulierung nicht erbringen; auch das Folgende kann nur ein Versuch sein. … Wir versuchen deshalb, V. 2 im Zusammenhang einer literarisch einheitlichen Einleitung des Baruchbuches zu verstehen. Dann muß das in V. 2 genannte Abfassungsdatum einen Termin *nach* der V. 2b genannten Zerstörung Jerusalems meinen; bei Jeremiaorientierung der Verfasserschaft kommt, wie erwähnt, ohnehin nur dieser Zeitraum in Frage; auf ihn weist überdies die Rückgabe der Tempelgeräte Zedekias (V. 8f).[48]

Vorliegend wird in den Zeitangaben Bar 1,2.8 ein Brückenschlag von der Zerstörung Jerusalems und des Tempels 587 bis zum Ablauf von 69/70 Jahren geboten, die dem Leser in Tagen mit dem Ziel vorgelegt wurden, die Summe der Jahre kalendarisch selbst erschließen zu können! Dabei wirkt

---

[47] Harald Schneider: *Das Zwölf-Propheten-Buch*; 2023, Seite 326-333
[48] FRLANT 160, Odil Hannes Speck: *Das apokryphe Baruchbuch*; Vandenhoeck & Ruprecht in Göttingen, 1993, Seite 17

der Kalender ein, der ein Jahr am 1. Nisan beginnen lässt und beim Leser bekannte Muster der Beschreibung der 69/70 als additive 7 und 62 aufblitzen lässt (Dan 9,2.24.25).[49]

Bar 1,2	5. Jahr, am 7. des Monats	Von der Zerstörung Jerusalems (587) bis ins 5. Jahr Darius (517) sind die 70 Jahre Jeremias am Ablaufen. Die Tempeleinweihung im 6. Jahr Darius steht an.
Bar 1,8	am 10. des Siwan	Die Gefäße des Tempels wurden zurückgegeben.

Die Jahre werden als Tage vom 7. Nisan bis zum 10. Siwan mit 62 Tagen erkannt und der 7. Tag im Rahmen eines Kalenders als Aussage über die einleitenden 7 Jahre ergänzt, sodass der Eingang zum 70. Jahr des Jeremia nach der Deutung in Dan 9,2 sichtbar wird!

Vor diesem historischen Hintergrund liest sich die bisher ungeklärte Jahresangabe in Baruch richtig als „im 5. Jahr des Darius." Die Anzahl der Jahre stimmt mit den historischen Daten überein!

Wie vertragen sich nun die zwei Zeitangaben des Buches Baruch mit dem im Kalenderrahmen sichtbar werdenden Rückgabetermin der Gefäße des Tempels am 10. Tag, 3. Monat, 5. Jahr Darius mit Esra?

Eine Übersicht seiner chronologischen Angaben ist hier hilfreich:

Esr 1,1-4	1. Jahr Kyros	Erlass
Esr 1,5-6		Rückkehrvorbereitungen
Esr 1,7-11	Kyros	Die Gefäße des Tempels wurden zurückgegeben.
Esr 2		Geschlechtsregister und Zählungen

---

[49] Das Buch Baruch hat Abhängigkeiten von Jeremia und Daniel. Die Psalmen Salomos sollen wiederum von Baruch abhängig sein, so in JSHRZ III,2 Antonius H. J. Gunneweg: *Das Buch Baruch*; Gütersloher Verlagshaus Gerd Mohn, 1975, Seite 168.

Übersicht der wichtigsten Abhängigkeiten mit dem Baruch Buch

Bar 1,15-2,19	Dan 9,5-19	Bußgebet
Bar 3,9-4,4	Hi 28 [Sir 24,23]	weisheitliches Gedicht
Bar 4,36-5,9	PsSal 11,2-7	Gedicht über die Rückkehr
Bar 6 [EpJer]	Jes 44,9-20 Jer 10,1-16 Ps 115,4-8 Ps 135,15-18	Ein eigenes Buch, das in der Vulgata als von Baruch verlesen angehängt wurde. So von Luther übersetzt.

Esr 3,1-6	Im 7. Monat, 1. Tag	Altar, Morgen- und Abendopfer in Jerusalem eingeführt
Esr 3,8-13	Im 2. Jahr nach der Ankunft im 2. Monat	Die Grundlage des Tempels wurde gelegt.
Esr 4,1-24	alle Tage (6) bis 2. Jahr Darius (24)	Vereitlung, Anklage, Verbot des Baus
Esr 5,1-5	damals war es (2)	Haggai und Sacharja, der Baubeginn, die Anfrage
Esr 5,6-17		Brief an Darius
Esr 6,1-2	damals war es (1)	Nachforschung im Urkundenhaus
Esr 6,3-5	1. Jahr Kyros	Erlass zum Bau (3-4). Die Gefäße des Tempels zurückgeben (5).
Esr 6,6-13		Darius Brief, Befehl zum Bau
Esr 6,14-18	3. Adar im 6. Jahr Darius	Tempelbau vom 2. Jahr Darius kommt zum Abschluss (15). Einweihung
Esr 6,19-22	14. Nisan	Passahfeier Fest der ungesäuerten Brote

Beim genauen Hinsehen entsteht zwischen diesen Zeitangaben und der Zeitangabe in Baruch kein Konflikt. Ohne Jahresangabe (3,1) mit einem Bezugszeitraum (3,8) überbrückt Esra zu der Aufklärung (4,24-5,2), was im 1. Jahr des Kyros versprochen wurde (6,1-5). Umgesetzt wurde dieser Erlass jedoch von Darius, dem König von Persien (4,24; 6,15), was die Rückgabe der Tempelgefäße (6,5) miteinschloss. Verfolgen wir die chronologischen Angaben in Esra daraufhin zurück wird deutlich, dass die Regierung Kyros/Kambyses (4,5) keine Rückkehr aus dem Exil gestattete, und folglich auch keine Schätze mit zurücksandte!

Wann fand die historische Rückkehr Judas statt?

Damals war es, dass Haggai und Sacharja zurzeit von Darius, dem König von Persien, auftraten (Esra 4,24; 6,15). Diese Zeitzeugen haben eigene Schriften, auf die Esra Bezug zu nehmen scheint.

Hag 1,1	2. Jahr Darius, 6. Monat, 1. Tag	Haggai spricht das Wort JHWHs an Serubbabel und Josua
Hag 1,2		Volk: Die Zeit sei noch nicht da
Hag 1,13-15	6. Monat, 24. Tag, 2. Jahr Darius	Serubbabel, Josua und das Volk werden erweckt.
Hag 2,1	7. Monat, 21. Tag	Wer hat das Haus in früherer Herrlichkeit gesehen?
Hag 2,6-9	Nur noch eine kurze Frist	Ich erschüttere Himmel und Erde Mein ist das Silber, mein das Gold

Sach 1,1	8. Monat, 2. Jahr Darius	Kehrt um
Sach 1,12	70 Jahre lang	diese ... öffentlich verurteilt hast
Hag 2,10 2,[18].20	9. Monat, 24. Tag	Die Grundlage des Tempels gelegt
Sach 1,7	24. Tag, 11. Monat, 2. Jahr Darius	Mann auf einem roten Pferd ...
Sach 7,1	4. Jahr Darius, 4. Tag, 9. Monat	Soll ich im 5. Monat weinen? (3)
Sach 7,5	70 Jahre lang	Fasten und Wehklagen im 5. und 7. Monat

Die Zeit, da die Grundlage des neuen Tempels am 24. Tag im 9. Monat im 2. Jahr Darius gelegt wurde ist mit der Zeitangabe Esras als im 2. Jahr im 2. Monat nach der Ankunft (14. Monat seit dem 7. Mondmonat = im 9. Mondmonat) in Übereinstimmung (Esr 3,1.8)!

Esr 3,1-6	7. Monat, 1. Tag	Ankunft in Jerusalem, Altar, Morgen- und Abendopfer
Esr 3,8-13	Im 2. Jahr nach der An- kunft im 2. Monat = *14. Monat seit Ankunft*	Die Grundlage des Tempels wurde gelegt.
Hag 2,10 2,[18].20	9. Monat, 24. Tag	

Die Zusage Gottes, durch ein Beben die Schätze der Nationen bzw. sein Silber und sein Gold einzubringen, bestand hier schon 62 Tage!

Es gibt noch eine Beobachtung an den beiden Zeitangaben im Buch Baruch. Da sich Bar 1,8 auf Bar 1,2 bezieht, kann dort in einem Kalenderwerk nur der erste Monat angesprochen sein, der dort jedoch ungenannt bleibt! Warum?

Odil Hannes Speck bemerkt in seiner Studie über Bar 1,2: „Näher liegt deshalb der Vorschlag, das fünfte Jahr in V. 2a auf die in V. 2b genannte *Zerstörung Jerusalems* zu beziehen, zumal der V. 2a genannte 7. Tag mit dem Datum 2. Kön 25,8 übereinstimmt."[50]

Auch wenn dieses 5. Jahr Teil eines Kalenderwerkes aus dem 5. Jahr Darius ist, besitzt der 7. Tag nach 2Kö 25,8 einen Erinnerungswert an die Zerstörung Jerusalems und des Tempels! Das in Bar 1,2 kein Monat genannt wird ist Teil einer geschickten Komposition, aus der sich ein Erinnerungstag und

---

[50] FRLANT 160, Odil Hannes Speck: *Das apokryphe Baruchbuch*; Vandenhoeck & Ruprecht in Göttingen, 1993, Seite 18

die im 5. Jahr Darius gezählten Kalendertage in Bar 1,8 als Jahre zurück zu diesem Unglück lesen lassen!

Bar 1,2	5. Jahr, am 7. des Monats	das 5. Jahr als Kalenderwerk 69 Tage = Jahre bis zum 10. Siwan. der 7. Tag bleibt als Erinnerungstag
Bar 1,8	am 10. Siwan	7 + 62 Tage/Jahre im Kalenderwerk

Eine Sammlung von Geldern (V. 6) und die Gefäße des Hauses des Herrn (V. 8) wurden von Babylon nach Jerusalem an „Jojakim, den Sohn Hilkias, des Sohnes Sallums, den Priester, und an die Priester und das Ganze Volk, so viele sich (noch) bei ihm in Jerusalem befanden" (Bar 1,7)[51] gesandt.

„Ein Hohepriester Jojakim ist in der Liste Neh 12,10f bezeugt, aber er gehört in die frühpersische Zeit und ist Sohn des Josua, der um 520 v. Chr. amtete, weswegen man eine irrtümliche Aktivierung dieser Figur durch die Verfasserschaft nicht unterstellen sollte."[52]

Damit erscheint die Spannweite in Bar 1,2.8 über 7 + 62 Tage bis zum 10. Siwan als Jahre von der historischen Zerstörung der Stadt bis zur Übergabe der Tempelgeräte an einem historischen Jojakim, Sohn Josuas, im 5. Jahr eines historischen Herrschers, des Darius I.

Die Zusage Gottes, binnen kurzer Frist seinen Beitrag zur Herrlichkeit des neuen Tempels beizusteuern, könnte mit der Rückgabe der Tempelgefäße und der Ankunft einer Geldsammlung im 5. Jahr des Darius bestätigt werden (Hag 2,6-9; Bar 1,2.8). Diese Annahme bekommt durch Hag 2,8, wo Gott von seinem Silber und seinem Gold spricht, zusätzliche Nahrung.

Esra knüpft an die Versprechen des Kyros (Esr 1,2-4) die persönliche Freigabe der Geräte (Esr 1,7-11) und die Rückkehr im 7. Monat, die dann hinter der Zusage in Hag 2.1.6f in der Grundsteinlegung des Tempels im 14. Monat nach der Ankunft endet (Esr 3,1.6.8.10).

In 1Esdras[LXX] (3Esr[Vg]), wo eine Rede über den Wein, eine Rede über den König und eine Rede über die Frauen gehalten wurden, spricht Zorobabel als Sieger zu König Darius: 1Es 3,42-44.57 *Dieter Böhler*

„Erinnere dich an dein Gelübde, Jerusalem aufzubauen, dass du abgelegt hast an dem Tag, als du die Herrschaft übernommen hast, und all die Geräte, die aus Jerusalem weggenommen wurden, zurückzuschicken, welche Kyros beiseite tat, als er gelobte, Babylon zu vernichten und gelobte, (sie) dort hin zu schicken. … Und er schickte alle Geräte zurück, die Kyros aus Babylon beiseite getan hatte. Und alles, was Kyros gesagt hatte, was man

---

[51] JSHRZ III,2, Antonius H. J. Gunneweg: *Das Buch Baruch*, Seite 171.
[52] FRLANT 160, Odil Hannes Speck: *Das apokryphe Baruchbuch*; Vandenhoeck & Ruprecht in Göttingen, 1993, Seite 33

tun solle, ordnete er auch selbst an, dass man es tue und nach Jerusalem schicke."[53]

Hintergrund des Pagenstreits in 1Es 3 ist das Geschehen um Esther. Sie wurde im 7. Jahr Kyros c/o Kambyses die Frau des Ahasverus und konnte sich in seinem 12. Jahr als König vor ihm für die Rettung ihres eigenen Volkes einsetzen, was Hag 2,6[LXX] verständlich macht!

Est 3,7	12. Jahr	Haman wirft Lose, überzeugt den König
	1. Monat	und lässt einen Erlass zur Vernichtung
	1. Tag	der Juden im 12. Monat am 13. Tag ins
Est 3,12	13. Tag	ganze Reich senden.
Est 8,9	12. Jahr	Mordechai lässt als Bevollmächtigter
	3. Monat	des Königs einen Gegenerlass durch das
	23. Tag	ganze Reich senden.
Est 3,13	12. Jahr/	Die Juden siegen dadurch über ihre
9,1.f	12. Monat	Feinde
	13. Tag	
Est 9,18.19	14. u. 15. Tag	Das Purimfest soll daran erinnern!

Mit dem Purim wurden die Nationen bereits im 3. Jahr von Kambyses Alleinherrschaft erschüttert, und Jehova verspricht in Hag 2,6f eine Wiederholung mit der Begründung, dass Silber und Gold ihm sind! Dieser Besitzanspruch geht auf die Versprechen des Kyros zurück, die noch einzulösen waren, und rechtfertigen ein erneutes Beben!

Damit hat das Purim zur Rettung eines Volkes, aber nicht zu dessen Rückkehr und der Rückgabe der Tempelgeräte geführt. Kann eine solch Zwischenzeit denn auch nachgewiesen werden?

Dieses Thema wird im Buch Judit verarbeitet. Schon *Gottfried Brunner* hat einen historischen Kern von Judit „zwischen 538 und etwa 518 unter Kyros, Kambyses und Darius" vermutet.[54] Im 14. Jahr als König (5. Jahr Kambyses) zog er gegen Ägypten aus und nahm seine erste Frau Roxane (Ovastin[LXX], die Waschti in Esther) mit auf seinen Feldzug, lies aber Atossa (die Hadassa in Esther) zurück. Bis zu seinem Tod vergehen 3½ Jahre, und Judit verbleibt als reiche Witwe (Jdt 8,4[hebr]). Esthers Profil passt in das Profil Judits.

---

[53] IEKAT, Dieter Böhler: *1 Esdras*; Verlag W. Kohlhammer in Stuttgart, 2015; Seite 81.82
[54] Gottfried Brunner: *Der Nabuchodonosor des Buches Judith. Beitrag zur Geschichte Israels nach dem Exil und des ersten Regierungsjahres Darius I.*; Berlin 1940, 2. Aufl. 1959.

Jdt^{hebr} 8,4-8	Und sie war von sehr schöner Gestalt	
	Ihr Mann hatte großen Reichtum hinterlassen	Est 8,1
	Sie war sehr angesehen	Est 2,15
	Zimmer … sie und ihre Mägde wohnten dort	Est 2,9

Die Gründe für die romanhafte Darstellung einer Jüdin, die auch noch zurückgelassen (Witwenschaft) als Heldin nachwirkt, liegt in Esters Situation beim Königshof und in der schwierigen Rückkehrsituation begründet. Eine Strafexpedition des Ahasverus nach Judäa ist im Buch Esther nicht bekannt. Die Chronologie im Erzählstil in Jdt^{Gr} verweist auf die Epoche der Rückkehr.[55]

Jdt 1,1	12. Jahr	Est 3,12 - die eigentliche Krise
Jdt 1,16	120 Tage Feiern	Est 1,3.4 - 3. Jahr *seiner* Regierung
Jdt 2,1	18. Jahr	Esr 4,23.24 – *bis* zum 2. Jahr Darius

Die Krise im Buch Judit[56] entstand, als ein Nebukadnezar (so die Selbstbezeichnung zweier Aufständischer) im Jahre 521 gegen die Perserherrschaft rebellierte. Nidintubel (Nebukadnezar III.) und Araka (Nebukadnezar IV.) lies Darius I. in Babylon hinrichten.

Die Identifikation von Nabuchhodonosor mit Araka ist plausibel und stimmt mit den chronologischen Beobachtungen in Judit^{LXX} überein. Das 18. Jahr Nebukadnezars bildet eine Fortsetzung der babylonischen Herrschaft durch die Perser ab, wobei im 18. Jahr tatsächlich ein „Nebukadnezar, Sohn Nabonids" über Babylon aufstand. Ahasverus (Kambyses II.) war bereits in seinem 17. Jahr als König (9 Jahre mit Kyros und 8. Jahre Alleinherrschaft) verstorben.

In Judit wurde die Belagerung unter dem aufständischen Araka ab Frühjahr 521 festgehalten, die der Rückkehr Judas vorausging.

	14. - 21. Nisan	Die Zeit des Passahs
Jdt 2,1	18. Jahr, 1. Monat, 22. Tag	Vernichtung der Juden geplant
	Ijjar/Siwan	Zeit der Weizenernte in Damaskus
Jdt 7,20 Jdt 7,30	34 Tage + 5 Tage	Belagerungszeit
	40. Tag	Sieg der Juden

---

[55] Die 120tägige Feier im 3. Jahr seiner Mitregentschaft wurde in Judit (12. Jahr) im chronologischen Kontext zum 3. Jahr seiner Alleinherrschaft.
[56] Judit war damals noch kein Eigenname, sondern hieß einfach Jüdin.

Die Vulgata überliefert Judit als einen kürzeren Mischtext, der von Hieronymus gestaltet auf semitische Vorlagen zurückgeht. Die Abweichungen in der Chronologie machen deutlich, dass von der ersten Krise ausgehend auf den historischen Feldzug des Kambyses Bezug genommen wird! Auch wenn Jdt^{Vg} *eine* Handlung mit Jdt^{LXX} hat und sich ihre Botschaften gleichen, seht dahinter eine u. U. ältere Betrachtung. In der Vulgata fehlen z. B. Bezüge, die aus der entstandenen Situation eine nationale Krise machen. Die hebräische Überlieferung von Judit steht dem Text der Vulgata sehr nahe.

Jdt 1,5	12. Jahr	tötet Arfaxad, König von Medien
Jdt 1,7ff		entsendet Boten
Jdt 2,1	13. Jahr, 22 Tag, 1 Monat	schwört Rache

Die Handlung in Est 10 knüpft sich problemlos an! Grundsätzlich gilt zu bedenken, dass die Perser das babylonische Reich 539 nicht zerstörten, sondern weiterführten. Das bereits Nebukadnezar versprochene Land Ägypten wurde ab 525 einverleibt (Hes 29,17-21).

Auf die Geschichtsdarstellung im Daniel Buch ist hier einzugehen: Daniel hat ein Geschichtsbild des direkten Übergangs von Belsarzar zu Darius erzeugt (Dan 6,30f). Was sagt seine Gesamtdarstellung über seine Kurzversion aus? Bereits die Altersangabe 62 inkludiert Esters Herrschaft bis zum Tod ihres Sohnes Xerxes 465. Der zentrale Ort seiner Offenbarung war 3 ½ Jahre nach dem Menetekel (Zahl = 66 ½ Jahre = Apk 13,18) vorm Ende der 70 Jahre in Jer 25,11. Vom 3. Jahr Kyros (Dan 10,1f) aus machen alle Angaben Sinn. So zeigt das unzulässige Fasten während des Passahs den Rückblick Gabriels vom 1. Jahr Darius aus und für vier Könige.

Übersicht der Zeitangaben ab der persischen Epoche im Buch Daniel

Daniel blieb bis zum ...	1. Jahr Kyros	Dan 1,21
[535-473]	Darius, der Meder ein Sohn von ca. 62 Jahren	Dan 5,31[6,1]
70 Jahre Verwüstung [Jer 29,10]	1. Jahr Darius, Sohn Ahasve- rus, Nachkomme der Meder	Dan 9,1.2
zurzeit der Abendopfer [Esr 3,1.3]	Mann in der Vision zu Beginn [im 3. Jahr Kyros, Dan 10,1]	Dan 9,21
[W. 521(Esr 3,1)-520(Esr 3,8f)] [J. 522-515 und 515-453 Mauer] [JW. 453-29; 30 u. Z. Tod Jesu]	70 Wochen bis Messias 7 und 62 Wochen 1 Woche lang, zur Hälfte	Dan 9,24-27
[Geschichtsschreibung]	3. Jahr Kyros [1. Tag 10,12]	Dan 10,1
[21 Tage Fasten, am 14. Passah] [21 Tage = Jahre 536-515]	drei volle Wochen Fasten 24. Tag, 1. Monat	Dan 10,2-4
[21 Tage = Jahre 538-517] [Bar 1,2.8 1Es 3,42-44.57]	1. Tag 21 Tage Widerstand vom Fürsten von Persien	Dan 10,12.13
[Rahmen der Offenbarung]	Im Schlussteil der Tage	Dan 10,14
[Kyros + Kambyses (Ahasverus) Nebukadnezar III./IV. 539-521]	nun gegen Persiens Fürst ... der Fürst von Griechenland	Dan 10,20
Rückblick auf Kyros; Ahasverus; 1. Jahr Darius [4. Xerxes (-473)]	noch 3 Könige für Persien ... der 4. gegen Griechenland	Dan 11,1.2
[Alexander der Große (-323) Die Diadochen]	Ein mächtiger König zerbrochen in vier Winde	Dan 11,3.4
[Ägypten (-31)]	der Südkönig wird stark	Dan 11,5
[Cäsar – Kleopatra – Antonius] [Augustus (Testament Cäsars)]	Nord-Süd Übereinkunft	Dan 11,6
[von Arabien, erste Islam Welle]	ein Südkönig wird stark	Dan 11,7f
[Die Kreuzzüge (1096-1270)]	kommen und zurückkehren	Dan 11,9f
[zweite Islam Welle (Byzanz)]	Süden zieht Stellung endet	Dan 11,11f
[Oberhoheit einer Nordmacht]	gegen Ende der Zeiten	Dan 11,13f
[Israel]	im Land der Zierde / Macht Ende zur bestimmten Zeit	Dan 11,16f
[Oberhoheit einer neuen Nord- macht]	zur bestimmten Zeit zur Zeit des Endes	Dan 11,29f
Michael steht auf, Erkenntnis	zu jener Zeit	Dan 12,1f
1260 [30T x 42M (=3 ½)]	eine Zeit, Zeiten, halbe Zeit	Dan 12,5f
1290 [30T x 42M+1M (=3 ½)]	Opfer – abscheuliches Ding	Dan 12,11
1335 [30T x 42M+2,5M (=3 ½)]	Glücklich wer harrt	Dan 12,12
1260 = zweiter Teil: ½ Siebener (Schaltung für 1 Siebener = 75)	Leben Zeit, Zeitabschnitt eine Zeit, Zeiten, halbe Zeit	Dan 7,11f.25
[JosAnt 11/8,334-337 Alexander von Seleukos Tod 281 bis 2020]	2300 Abenden und Morgen	Dan 8,14

Die Geburt Jesu im Lichte astronomischer Kenntnisse
- Die Magier-Geschichte in Matthäus 2,1-12[57]

„In den Tagen des Königs Herodes" kamen Astrologen aus dem Osten nach Jerusalem und erkundigten sich nach dem „neugeborenen König der Juden", mit der astral wirkenden Begründung: „denn wir haben seinen Stern aufgehen sehen."

Von der Zeit der Kirchenväter an bis in unsere Gegenwart sind ganz unterschiedliche Thesen darüber aufgestellt worden, um was für ein Phänomen es sich bei diesem Himmelskörper gehandelt haben mag. Orgiens war der Ansicht, dieser Stern sei ein Komet (Haarstern) gewesen.[58] In der Antike waren Kometen allgemein als Unglücksbringer verstanden worden. Orgiens Erklärung dazu zwar, dass *dieser* Stern ja in den Schriften vorausgesagt wurde (Num 24,17). Sein Bezug auf die Bileam-Weissagung ist deshalb eine Untersuchung wert, auch wenn seine Kometentheorie bereits überholt ist. Dieser Stern wurde auch schon als Unglücksbringer bewertet, da ja der Ausgang der Geschichte auf die Ermordung Jesu zielte und im Kindermord um Bethlehem endete. Eine Supernova als „Stern" ist ebenso wenig wie ein Komet in der Lage, der Beschreibung im Bibelbericht gerecht zu werden.

Die Astrologen haben den Aufgang des Sterns im Osten beobachtet, (2,2) *gingen nach Jerusalem* und erlebten dort, wie dieses Phänomen von Jerusalem aus „vor ihnen voraus, bis er stehenblieb, oben darüber, wo das Kind war" (2,9) leuchtete!

Um diesen Vorgang zu erklären, ist es sinnvoll die astronomischen Begebenheiten näher zu untersuchen, die zum Ende der Tage des Herodes auffällig waren. Was sagt außerdem die Frage der Magier nach dem „König der Juden" über die Astrologen/den Stern aus?

König Herodes verstarb gemäß Josephus zwischen einer Mondfinsternis und einem Passah. Das legt eine Fixierung zwischen einer Mondfinsternis am 11. März und dem folgenden Passah am 1. April 4 v. u. Z. nahe (JosAnt 17,6.9).[59] Nicht weit vor dem Frühjahr 4 v. u. Z. ist nach einer in Jerusalem sichtbaren Sternerscheinung zu suchen.

Ein außergewöhnliches Ereignis am Sternenhimmel fand im Jahre 7 statt und ist mit diesem „Stern" in Verbindung gebracht worden.

---

[57] Harald Schneider: *Die Ordnung der vier Evangelien*; 2020, Seite 19-24
[58] Im Jahre 218 erschien ein solcher Haarstern, der Komet Halley.
[59] Josephus wirft damit auch ein Licht auf das allgemeine Interesse an Himmelsphänomenen, bzw. dem hier hergestellten Zusammenhang mit einem Herrschaftswechsel.

Es handelt sich um eine dreifache Konjunktion der Planeten Jupiter und Saturn im Sternzeichen der Fische. Das ist eine dreifache Begegnung, die sich auch aus der Rückläufigkeit dieser Planeten aus Sicht der Erde ergibt.

Die erste Begegnung war am 27. Mai und blieb beinahe bestehen. Die zweite Begegnung entstand nach der Rückläufigkeit der beiden Planeten am 29. September. Eine dritte Begegnung fand dann am 3. Dezember statt. Dieses seltene Himmelsereignis könnte die Astrologen veranlasst haben, nach Jerusalem, dem damaligen Zentrum von Syrien und Palästina aufzubrechen, um dort Nachforschungen anzustellen. Den Stern, bzw. Planeten sahen die Astrologen in ihrer Heimat im Osten (Babylon, Persien, Arabien?) genau zum damaligen Frühjahr *aufgehen* und am 27. Mai in einer Vereinigung *erscheinen*, welcher eine besondere Bedeutung beigemessen wurde. Hier ist der Termin zum Aufbruch der Astrologen als wahrscheinlich anzusetzen!

Diese folgten nicht etwa dem Stern, wie häufig angenommen wird, als ob sie diesem Ereignis auf der Erde nachreisten. Die Frage nach dem als König Geborenen zeigt ihre Motivation und Jerusalem als ihr Ziel. Die ganze Zeit über blieben sich Jupiter und Saturn ganz nahe und blieben eine Sondererscheinung am Sternenhimmel.

Bei der zweiten Begegnung, die nach der Rückläufigkeit der beiden Planeten am 29. September entstanden ist, waren diese Fremden wahrscheinlich schon in der Hauptstadt Jerusalem. Der Bibelbericht sagt: „Als das der König Herodes hörte, erschrak er und ganz Jerusalem mit ihm" (2,3). Ihre Nachforschungen hatten offensichtlich ein gewisses Aufsehen in *ganz Jerusalem* zur Folge. Beunruhigt wurden alle Hohepriester und *Schriftgelehrten des Volkes* versammelt und Herodes „erkundigte sich bei ihnen, wo der Gesalbte geboren werden sollte?" (2,4). Dem ging die Recherche der Astrologen voraus, nur war in Jerusalem keine Geburt eines Königs bekannt, aber durchaus brisant. Judäa war von den Römern besetzt und von Herodes selbst war ein machthungriger Regent, der sogar seine eigenen Söhne bei einer Konkurrenzsituation töten ließ.

Und du, Betlehem im Land Juda, du bist keineswegs die unbedeutendste der Städte Judas; denn aus dir wird ein Fürst hervorgehen, der mein Volk Israel führen wird wie ein Hirte seine Herde" – Mat 2,6 *NGÜ*.

Diese Antwort bestimmte nicht nur die weitere Reiserichtung sondern hätte auch durchaus von Herodes genutzt werden können, um das neugeborene Kind töten zulassen. Genau diese Absicht kommt ja in seinem späteren Kindermord auch explizit zum Ausdruck (2,16). Da rief Herodes die Sterndeuter heimlich zu sich, und ließ sich von ihnen den genauen Zeitpunkt angeben, an dem der Stern zum ersten Mal erschienen war – Mat 2,7 *NGÜ*.

Die Antwort in der zeitlichen Entsprechung war vom ersten Tag des Frühjahrsaufgangs bis zur Vereinigung beider Sterne am 27 Mai. Diese Konjunktion blieb eng und wurde zur zweiten Begegnung am 29. September wie *ein* Stern am Himmel wahrgenommen. Die Astrologen konnten aller Wahrscheinlichkeit nach Auskunft über die noch bevorstehende dritte Begegnung am 3. Dezember geben. Eine solch kompetente Aussage könnte das Vorgehen des Herodes, die Astrologen heimlich dorthin zusenden und noch nicht einzugreifen, beeinflusst haben.

Und er sandte sie nach Betlehem mit den Worten: Geht und recherchiert, wo das Kind ist. Wenn ihr es gefunden habt, berichtet mir, damit auch ich hingehe, um mich vor ihm zu verbeugen. – Mat 2,8

Nachdem die Astrologen dies vernommen hatten, gingen sie ihres Weges und der Bibelbericht schildert einen Vorgang, der von ihnen nicht im Voraus zu erahnen war.

… Und siehe, der Stern, den sie gesehen hatten, ging vor ihnen voraus, bis er stehenblieb, oben darüber, wo das Kind war. – Mat 2,9

Diese Beschreibung sprengt den zu erwartenden Rahmen einer Sternkonjunktion bei Weitem, da der Aufgang und das Stehenbleiben eines Sternes, wie wir gesehen haben, sich über einen längeren Zeitrahmen erstreckt. Das, was die Astrologen erlebten, kam auch für sie völlig unerwartet und löste Emotionen aus.

Als sie den Stern sahen, wurden sie hoch erfreut – Mat 2,10

Wie konnten Berufsastrologen den Eindruck haben, dass dieser Stern ihnen vorausleuchtend über dem Ort des Kindes stehenblieb?

Den Nachweis eines solchen Phänomens hat Ferrari D'Occhieppo erbracht.[60] Mittels einer rekonstruierten babylonischen Planetentheorie zeichnete er die Kenntnisse dortiger Astrologen nach. Für die historische Beschreibung in Mat 2,9-11 verweist er auf ein Zodiakallicht, ein von einem Punkt ausgehende kegelförmige Lichterscheinung, die am 12. November 6 im Zusammentreffen mit dem Abendaufgang zwischen 19 und 21 Uhr über Betlehem war. Das Zodiakallicht ist ein durch Streuung und diffuse Reflektion des Sonnenlichts an Staubpartikeln entstehender weislicher Schimmer. Die Zeit dieser Erscheinung als Reisezeit passt in den Hintergrund der heimlichen Erkundigung und der Vermeidung jedes Aufsehens (2,7.8). Die Astrologen traten nach der Besprechung, wohl noch am selben Abend, die kurze Reise von 12 Kilometern nach Betlehem an. Neben dem Stern (Saturn neben Jupiter) breitete sich zur Überraschung der Astrologen ein anscheinend von dort ausgehender Lichtkegel über Betlehem aus.

„Kurz nach 18:30 Uhr, als die Dämmerung in dunkle Nacht übergegangen war, zeigte sich zwischen Süden und Südwesten ein zarter, unscharf

---

[60] K. Ferrari D'Occhieppo: *Der Stern von Bethlehem in astronomischer Sicht. Legende oder Tatsache?*; 2003

begrenzter Lichtkegel, das Zodiakallicht. Vom Jupiter, der im Süden nächst der Spitze des Kegels stand, schien ein Lichtstrom auszugehen, welcher nach unten hin zugleich breiter und heller wurde. Deutlich hoben sich von der Basis des Lichtkegels die Umrisse der Hügelkette und beim Näherkommen auch die flachen Dächer einzelner Häuser von Bethlehem ab. Vom Einbruch der Dunkelheit bis zu dem mehr als zwei Stunden späteren Aufgang des Mondes wies die Achse des Lichtkegels beständig auf dieselbe Stelle des Horizonts und zeichnete dadurch einen kleinen Teil der Ortschaft, zuletzt vielleicht sogar ein bestimmtes Haus vor den umliegenden aus. Es ergab sich der Anschein, als wäre der Stern selbst stehengeblieben über der Stelle, wo das Kind war"[61]

Diese Beschreibung vermittelt sehr lebendig das im Bibelbericht gezeichnete Szenario:

Nachdem die Astrologen dies [das Wort des Herodes] vernommen hatten, gingen sie ihres Weges und siehe, der Stern, den sie gesehen hatten, ging vor ihnen voraus, bis er stehenblieb, oben darüber, wo das Kind war. Als sie den Stern sahen, wurden sie hoch erfreut – Mat 2,9.10

Damit haben wir die astronomischen Vorgänge hinter der Magiergeschichte nachvollziehbar vor uns, und können an dieser Stelle eine Sondererscheinung (ob gut oder böse) ausschließen, da sich die gesamte Erscheinung über einen längeren Zeitraum (keinen Zeitpunkt) erstreckte. Das macht besonders die Erkundigung des Herodes nach dem Aufgang des Sternes deutlich (2,7.16). Herodes hat ja im Hinblick auf diese Auskunft den Todesbefehl für Kinder „im Alter von zwei Jahren und darunter" in und um Betlehem in Auftrag gegeben.

Es ist bedauerlich, dass sich die historisch-kritische Textforschung mit der Magiergeschichte so schwertut, obwohl sich sowohl die Jupiter-Saturn Konjunktion als auch das Zodiakallicht der wissenschaftlichen Nachweise nicht entziehen! Immer noch heißt es:

Was bedeutet es beispielsweise, dass bei Matthäus ein Stern die weisen Männer leitet, dass dieser Stern über Jerusalem zum Stehen kommt, dann wieder weiterzieht, sie nach Betlehem führt und dann genau über dem Haus anhält, in dem Jesus geboren wurde? Was für ein Stern soll das sein? Ein Stern, der langsam genug zieht, damit die weisen Männer ihm zu Fuß oder mit dem Kamel folgen können, der anhält, weiterzieht und wieder anhält? Und wie kann überhaupt ein Stern über einem Haus anhalten? … Ganz offensichtlich wird hier ein wunderhaftes Ereignis erzählt, aber es ist wirklich schwer zu verstehen, woran der Autor tatsächlich denkt.[62]

---

[61] Ebda, Seite 66; Eine Abbildung aus dem Planetarium auf Seite 39.
[62] Bart D. Ehrman: *Jesus im Zerrspiegel. Die verborgenen Widersprüche in der Bibel und warum es sie gibt*; 2010, Seite 52f

- Das Benedictus des Zacharias in Lukas 1,67-79[63]

Es überrascht sicherlich einige, dass das Benedictus des Zacharias auch im Lichte astronomischer Kenntnisse zu beurteilen ist. Es handelt sich um ein prophetisches Loblied Zacharias nach der Geburt und Namensgebung seines Sohnes Johannes (1,57-79).

Und sein Vater Zacharias wurde mit heiligem Geist erfüllt und sprach die prophetischen Worte aus:
„Gesegnet sei der Herr, der Gott Israels! Denn er hat sein Volk gnädig angesehen und ihm eine Erlösung geschaffen und hat uns ein Horn des Heils aufgerichtet im Hause Davids, seines Knechts. So hat er es durch den Mund seiner heiligen Propheten von alters her verheißen: retten will er uns von unseren Feinden und aus der Hand aller, die uns hassen um unseren Vätern Barmherzigkeit zu erweisen und seines heiligen Bundes zu gedenken, des Eides, den er unserem Vater Abraham geschworen hat, er wolle uns retten aus der Hand unserer Feinde und uns verleihen, daß wir ihm furchtlos dienen in Heiligkeit und Gerechtigkeit vor seinen Augen alle Tage unseres Lebens. Aber auch du, Knäblein, wirst ein Prophet des Höchsten genannt werden; denn du wirst vor dem Herrn einhergehen, ihm die Wege zu bereiten, um seinem Volke die Erkenntnis des Heils zu verschaffen, die ihnen durch Vergebung ihrer Sünden zuteilwerden wird. So will es das herzliche Erbarmen unsers Gottes, *mit dem uns der Aufgang aus der Höhe erschienen ist* um denen Licht zu spenden, die in Finsternis und Todesschatten sitzen und unsere Füße auf dem Weg des Friedens zu leiten" *(Hermann Menge 1949)*

Über die letzten Verse schrieb Theodor Zahn sehr treffend:

„… *anatolé* aber bezeichnet zunächst und ganz regelmäßig einen Vorgang, gewöhnlich das Aufgehen eines Lichtes, das Aufgehen von Sonne, Mond und Sternen. Daß es Jer 23,5; Sach 3,8; 6,12 … im Sinne von aufsprießen oder aufsprießen lassen als Übersetzung von … „Sproß" und als ein Name des Messias dient, berechtigt nicht, das Wort hier in diesem Sinne zu nehmen; denn dieser Sprößling wächst nicht aus der Höhe des Himmels herab, sondern Gott läßt ihn aus dem Erdboden, aus dem Wurzelstock Isai`s emporwachsen. Eben deshalb könnte man von ihm, solange das Bild noch nicht bis zur völligen Sinnlosigkeit verwischt ist, auch nicht sagen, daß er sein Volk besuche. Daß hier *anatolé* vielmehr das Aufleuchten eines Lichtes bedeutet, ergibt sich auch aus v. 79, wo von Lichtschein und Finsternis die Rede ist.[64]

Mit diesen Informationen vorweg soll unmissverständlich deutlich gemacht werden, dass Zacharias die freudige Geburt seines Sohnes *„mit dem uns der Aufgang aus der Höhe erschienen ist"* in Verbindung bringt, und damit auch kennzeichnet! Das Zusammenkommen von Geburt (1,57), dem wiedererlangten Sprachvermögen (1,64) – vorangekündigt, wie die Geburt selbst (1,13.14.20) und der Namensvergabe vor der Beschneidung (1,58-63) war sicherlich aufregend. Diese Spannung dringt zu anderen durch (1,65.66). Der prophetische Lobpreis Zacharias umfasst neben den

---

[63] Harald Schneider: *Die Ordnung der vier Evangelien*; 2020, Seite 25-28
[64] KNT III Theodor Zahn: *Das Evangelium des Lucas*; 1920 (1988), 118.

allgemein jüdischen Vorstellungen wie Gnade, Erlösung, Rettung und dem friedlichen Dienst (1,68f) im Besonderen die Rolle seines Sohnes als akzeptierter Prophet, Wegbereiter, der Erkenntnis und Rettung durch Vergebung der Sünde verschafft (1,76f). Diese Worte zum Erscheinen des Johannes werden verstärkt durch den synchronen Aufgang aus der Höhe als Lichtspender bei Nacht (1,78.79). Unter den Propheten ist hier die Weissagung aus Num 24,17: „Ein Stern wird bestimmt aus Jakob hervortreten, und ein Stab wird aus Israel erstehen", vor Augen! Dieser Stern, eine zeitliche Begleiterscheinung, wird mit der Vorstellung einer gerade erstehenden Führung aus Israel verwoben. Die erste Begegnung von Jupiter und Saturn war am 27. Mai 07, und geht dem Besuch der Astrologen beim „neugeborenen König der Juden" in Betlehem am 13. November 07 nicht ganz ein halbes Jahr voraus. Das entspricht dem Abstand zwischen dem sechsten Schwangerschaftsmonat der Elisabeth und der Empfängnis der Maria (Luk 1,26.36.39.42). **Fazit:** In Zacharias Lobgebet wird Johannes Geburt „mit dem uns der Aufgang aus der Höhe erschienen ist", d. h. mit einer Sternkonjunktion, in Verbindung gebracht. Die Suche nach einem solchen Himmelsphänomen entspricht der bisherigen Suche und bestätigt diesen längeren Vorgang am Sternenhimmel.

Hintergrundinformation aus den Höhlen am Toten Meer

11Q13 Melchisedek

II.2 Lev 25,13	II.8 Gericht am Ende des 10. JBL	II.12 Bileal und Geister seines Loses
II.3 Dtn 15,4	II.9 Jes 61,2 Heiligen Gottes	II.13 Entmachtung und Gericht
II.4 Jes 61,1	II.10 Ps 82,1	II.15 Jes 52,7 Friedensbote und Propheten
II.6 Lev 25,10	II.11 Ps 7,8f und Ps 82,2	II.17 Jes 52,7 Berge=Propheten
II.7 Friedensbote 1. JW nach dem 9. JBL		II.18 Jes 52,7 Friedensboten=Geistgesalbten

503 454 405 356 307 258 209 160 111 62 13 37 86 135 184 233

11Q13 II.7   11Q13 II.7 1. Woche, 13 bis 6 v. u. Z. 11Q13 II.8 Gericht am Ende 10.

II.20 Jes 61,2 Trösten/Belehrung über alle Zeiten der Weltgeschichte	
II.22 Bileal entfernt	III.7 Verbrennung Bileals
II.23 Gerichte Gottes Jes 52,7	III.9 Mauern Judas
II.24 Gemeinschaft der Gerechten entsagen dem Weg des Volkes, halten den Bund	III.10 Aufrichten einer Säule
	III.16 Zweihundert
II.25 Gott Jes 52,7-8 Lev 25,9	III.17 Eine Jahrwoche
Blasen der Schofa am Versöhnungstag	III.18 Einteilung der Zeiten = Jubiläenbuch

An der Übersicht zu 11Q13 ist der Zusammenhang zwischen den 10 Jubiläen und den 70 Wochen in Daniel mehr als offensichtlich. Doch wird hier eine weitere Ergänzung getroffen, das Eintreffen des Friedensboten eine Jahrwoche nach dem neunten Jubiläum. Im Kontext von Da 9 ist hier die Geburt angesprochen. War 30 u. Z. der Messias mit nichts für sich selbst abgeschnitten worden (Da 9,24-26; 7+62 Wochen), ist er in einem Jahr mit einer großen Saturn-Jupiter-Konjunktion erschien!

Die 1955 gefundene Schriftrolle 11Q13 wurde um die Mitte des 1. Jahrhunderts v. u. Z. datiert. Anlass dieser Abschrift könnten neun Jubiläen plus eine Woche seit der Kalenderreform 503 gewesen sein (55 v. u. Z.). Der Ausgangspunkt der 70 Wochen in Daniel war das Ausgehen des Wortes 454 v. u. Z. (Da 9,25; Neh 2,1f).

Hier sind alle chronologischen Voraussetzungen erfüllt:

Kalender-reform	Da 9,25 Neh 2,1 11Q13 II,7	11Q13 II,7 Konjunktion	Da 9,25	Da 9,24
			7+62Wochen	70. Woche
27.03.503	454 v.u.Z.	7/6 v. u. Z.	30 u. Z.	37 u. Z.
	1.Jub,1.Tag	9.Jub+1.JW	10.Jub,6.JW	10.Jub voll

Eine Beziehung zwischen dem Kalender und der Sternkonjunktion legt sich durch den zeitlichen Abstand (II.7) 1. Jahrwoche/9. Jubiläum und der 6. Jahrwoche/10. Jubiläum (II.2) als 69. Woche (Dan 9,24-26) von 70 Wochen (=10 Jubiläen) nahe.

Mit einer Schrift wie z. B. 11Q13 konnten Magier (Die Nachfahren der Seher des Xerxes aus Persien) die Sichtung der Sternkonjunktion als Zeichen sehen und zum Anlass nehmen, den „als König der Juden Geborene", den Friedensboten in Jerusalem anerkennend zu empfangen. Deshalb gaben sie als Grund an, „den wir sahen ... seinen Stern und wir sind gekommen, ihm zu huldigen" (Mat 2,2). Die Magier hatten eine klare Motivation, die auf verschriftete Weissagungen aus alter Zeit zurückgehen werden, wie das Beispiel aus 11Q13 belegt.

Schlussworte

Es gibt keinen Fortschritt ohne Geist, den die Welt nicht fassen kann. Unser Beitrag, die Suche nach Gott und die Aufrechterhaltung einer Kommunikations- und Hilfsbereitschaft trägt dazu bei, das geistige Gut zu bewahren, Fortschritte zu machen und uns vor Gott zu bewähren. Mit diesen Wünschen empfehle ich meine Abhandlung. Über mich selbst gibt es nur wenig zu sagen.

Beim Bild habe ich ein älteres Foto (von vor ein paar Jahren) verwendet aber das Hemd habe ich noch. Von Nachforschungen bekam ich, wie zu erkennen ist, keine Pickel. Nachforschung kann ich nur empfehlen. Was du als Wahrheit angenommen hasst muss auch hinterfragt werden können, wenn es dir an irgend einer Stelle zur Vergewisserung notwendig erscheint!

Ein Lektor korrigierte mich einmal mit den Worten: „Nicht die Wissenschaft ist das Problem, sondern die Atheisten." Durchbricht man vorgegebene Filter, z. B. die Spätdatierung, werden die Ergebnisse plausibler und es kann mehr an den berechtigten Einwänden, z. B. missverstandene Überlieferung gearbeitet und Lösungen gefunden werden. Dabei wird nicht der Bibel, sondern dem Blick darauf widersprochen, weil auch Theologien Filter sind, die verdunkeln können. Reglementierungen fasse ich deshalb eher als Wegmarkierung auf.